CW01635337

STOP GORDOFOBIA

y las panzas subversas.

Autora: Magdalena Piñeyro

Título: **STOP GORDOFOBIA**
y las panzas subversas.

Autora: Magdalena Piñeyro

Editan: BALADRE - Coordinación de luchas contra la precariedad,
el empobrecimiento y la exclusión social
C/ Sant Bernat, 28 - Carcaixent (País Valencià)
E-mail: baladre@coordinacionbaladre.org
www.coordinacionbaladre.org

ZAMBRA Iniciativas sociales
C/Francisco Cárter 1, 1º, 1ª - 29011 Málaga
E-mail: zambradistribuidora@gmail.com
zambradistri.blogspot.com
www.asociacionzambra.org

Consejo editorial de Baladre: **Fernando Patón, Jesús Giráldez, Ruth López, Lucía Medina, Manolo S. Bayona, Mary Arrabali, David Muñoz, Lucía Shaw, Óscar G. Jurado, Virginia B. Panadero y Alicia Alonso.**

Maquetación: Lucía Calvo Sánchez

Impreso en GRÁFICAS DIGARZA
Plaza de los Ángeles, 3 - 29011 Málaga
e-mail: gráficas@digarza.e.telefonica.es

ISBN: 978-84-943374-8-2
Depósito legal: MA 231-2016

LICENCIA CREATIVE COMMONS
Reconocimiento - No comercial - Sin obra Derivada 3.0

Esta licencia permite copiar, distribuir, exhibir los textos e imágenes de esta publicación siempre que se cumplan las siguientes condiciones:

Reconocimiento: Este material puede ser distribuido, copiado y exhibido por terceras personas si se muestra en los créditos.

No comercial: El material original y los trabajos derivados pueden ser distribuidos,copiados y exhibidos mientras su uso no sea comercial.

Sin obra derivada: Este material puede ser distribuido, copiado y exhibido pero no se puede utilizar pera crear un trabajo derivado del original.
- Se deberá establecer claramente los términos de esta licencia para cualquier uso o distribución de este material.
- Se podrá prescindir de cualquiera de estas condiciones si se obtiene el permiso expreso del autor.

Este libro tiene una licencia Creative Commons Attribution-NonCommercial-NoDerivs. Para consultar las condiciones de esta licencia se puede visitar http://creativecommons.org/licenses/by-nd-nc/3.0/ o enviar una carta a Creative Commons, 559 Nathan Abbot Way, Stanford, California 94305, EUA.

DEDICADO A CADA UNA DE LAS PERSONAS QUE FORMAN LA COMUNIDAD

'STOP GORDOFOBIA'

ÍNDICE

POEMAS

AGRADECIMIENTOS

A Carlos Savoie por empezar este proyecto y soñar juntas. A todas las compas que se sumaron por el camino y actualmente administran S.G.: Pauly, Luca, Gabriela Parada, Irune Alfonso, Idaira BC y Daniela Gonzales. Y también a María de Uruguay e Iziar de México, que formaron parte de S.G. durante algún tiempo.

A Zambra y Baladre por proponerme hacer esta publicación, por creer en nuestro proyecto y poner su granito de arena para que la lucha antigordofóbica sea incluida en las agendas políticas de los movimientos sociales. Eternamente agradecida.

A mi familia, por soportar que no tenga otro tema que la gordofobia durante la mateada.

A mis amigas y compañeras feministas, por soportar que no tenga otro tema durante los encuentros.

A mis profesoras del Máster en Género de la Universidad de La Laguna por lo aprendido.

Al CSOA La Tabona y al CSO Taucho por ser la cuna de mis rebeldías.

A Radio Pimienta y a "Nosotras las personas" por su trabajo para la comunicación libre y por darnos un espacio radiofónico y en la red.

A todos los colectivos, individualidades y centros sociales que trabajaron para facilitar los encuentros, charlas y talleres del 2015 en Murcia, Málaga, Santiago de Compostela, Bilbo, Irun, Barcelona, La Palma y Tenerife. Parte de lo expuesto aquí ha sido reflexionado colectivamente durante estas jornadas.

Y por último a todas las personas que han asistido a los talleres y charlas que hemos dado, así como a las que participan (o han participado) en la página Stop Gordofobia. Siento que hemos crecido colectivamente una barbaridad en estos años y que, aunque nos queda mucho camino por delante, estamos cada vez más preparadas para cambiar el mundo.

A todas ustedes, gracias. Por el amor, por la lucha y la esperanza.

Magda

STOP GORDOFOBIA

y las panzas subversas.

Magdalena Piñeyro

Algunas aclaraciones previas:

Este texto está escrito por una de las administradoras de Stop Gordofobia desde su experiencia y su perspectiva, lo que no significa que todas las demás administradoras (8 somos en total) estén de acuerdo 100% con lo expuesto aquí.

Stop Gordofobia será abreviado en ocasiones como "S.G."

Este texto está escrito en femenino plural por hacer referencia a "las personas". Cuando se hable exclusivamente de hombres se especificará; cuando se hable exclusivamente de mujeres se especificará.

Si algo caracteriza a las personas que estamos detrás de Stop Gordofobia (además de nuestra lucha contra la gordofobia) es la apertura al debate y a la revisión constante, pues somos conscientes de que esta lucha recién comienza en nuestro contexto y son necesarias todo tipo de críticas y aportaciones. Por ello, como miembro de S.G. ruego que leas estas páginas con empatía y solidaridad, pero también con sentido crítico, para así seguir creciendo juntas. En este sentido, si quieres hacer alguna aportación, crítica o apunte puedes escribirnos a **stopgordofobia@gmail.com**

SI ME VES GORDA
CHUPAME UN ROLLO

PRÓLOGO
"Manifiesto Graso"

La Mesa de Acción Obexa (1993-2016)

Un espectro se cierne sobre el planeta: el espectro de las personas gordas. Contra este espectro se han conjurado en santa jauría el tripartito gordofóbico. Estética-moral-salud hemos de combatir.

Esto es un manifiesto graso de personas hartas de yogures ligth, de la leche desnatada y la galleta sin colesterol, harta de dietas, gimnasios y cuerpos sudorosos. Abogamos por un mundo grueso, por un mundo gordo donde la hermosura de nuestra gordura sea un valor, un privilegio de toda persona.

Gordos y Gordas del mundo unámonos, saquemos nuestras panzas subversivas a la calle, nuestra razón de peso es acabar con el sistema capitalista gordofóbico, el de la dieta de la alcachofa, la dictadura de la imagen y las tallas 38 que nos aprietan los chochos y estrujan las pelotas.

Si te molestan que sigan las dietas, si lo que te gustan son las croquetas, aquí estamos, te esperamos, somos la Mesa de Acción Obexa y nos gusta la buena mesa.

No lo dudes, di basta y grita.....

Somos gordas y gordos, ¿Y QUÉ?
¡Nuestros cuerpos no quieren tu opinión!
¡Somos bellas, somos bombas sexuales!

Comer es un derecho y no un privilegio

VIVA LA GORDURA REVOLTOSA
Y LA LIBERTAD ORONDA, CABRONES!!!

Autorretrato

Mi cara redonda, mis manos fuertes,
herencia de mi madre.
Mi cuerpo grande, mi espalda ancha,
herencia de mi padre.
Mi cuerpo alto, esbelto,
herencia de mi abuelo.
Mi gusto por la cocina y la comida,
herencia de mi abuela.

Odiarme a mí misma ha sido odiar mis orígenes.

Las líneas continuas
se desdibujaban desde mi rechazo.

Era la ladrona de mi propia memoria histórica.

Magda

INTRODUCCIÓN

Hemos sido explotadas
Hemos sido humilladas
Hemos sido maltratadas
Pero esto se va a acabar.

Santa Apolonia, Komando Tripontxi

Si alguien me preguntara cuándo empecé a ser gorda no sabría qué responder. No sé cuándo una empieza a ser gorda, en qué circunstancias, con qué talle, con cuántos kilos. Pero calculo que tiene poco que ver con números exactos y más con percepciones, con el momento en que una empieza a ser consciente de su gordura. Un momento que, a su vez, está directamente relacionado con el descubrimiento de que tu cuerpo es un problema para las demás (por gordo), convirtiéndose automáticamente en un problema para ti también. Lo cierto es que siempre fui la más alta, grande y gorda de mi entorno (comparándome con mi hermana o con las otras chicas de mi curso escolar) y no me supuso ningún problema hasta que entrando a los 7 u 8 años -y tras varios comentarios de diversas personas respecto a mi cuerpo gordo- ocurrió el inevitable primer acto de auto-odio: me negué a mostrarme vestida en traje de baño en público. Era una niña (gorda) de vacaciones en un sitio de piscinas negándose, en un día caluroso, a desvestirse y meterse al agua.

Estas acciones de odio hacia nuestro cuerpo (o más bien de odio a nosotras mismas ¡no separemos alma y cuerpo!) continúan repitiéndose desde esa primera vez, y se vuelven cada vez más comunes con el paso del tiempo. Tan comunes que un día entras a una tienda (de estas que sólo tienen hasta la talla 40) a comprarle un regalo a tu delgada hermana y la dependienta te echa sin más miramientos con un "aquí no hay ropa para ti" y tú, después de tantos años de auto-odio, asumes las palabras de la dependienta y te vas a llorar a tu casa sin reaccionar, sin decir absolutamente nada y -lo peor de todo- creyendo que ella tiene razón en lo que hizo. El odio a ti misma te ha vuelto sumisa, te ha bloqueado la reacción y la defensa, y ha borrado por completo de tu mente la convicción de que mereces respeto.

Tuve que encontrarme con un caso ajeno (es decir, en el que yo no era directamente la implicada) para por fin tener la cordura de no darle la razón a la persona que discrimina sino a la discriminada. Ocurrió hace unos años, tiempo antes de empezar con el activismo en la página Stop Gordofobia[1]. Me subí al tranvía y cuando me fui a sentar al lado de una señora gorda ella me miró, se acomodó un poco más contra la ventana para hacerme sitio y con una tímida sonrisa me dijo "cabemos las dos"; a lo que yo respondí -con otra sonrisa-: "por supuesto, señora". El acto de empatía fue tan bonito que durante unos minutos continuamos hablando de banalidades, hasta que de repente –tras un silencio mutuo- la señora se echó a llorar. Sorprendida le pregunté qué le pasaba y ella me contó su historia. Dijo que antes no era gorda, que engordó por una medicación contra la depresión, depresión en la que había caído desde que su hijo había emigrado y se había visto ella con una soledad que le pesaba mucho. Me dijo también que justo esa misma mañana, mientras caminaba por la calle, había pasado un coche con unos muchachos que le gritaron entre risas "gorda asquerosa" y siguieron su camino. Y mientras relataba esto las lágrimas le seguían corriendo por las mejillas. Se me eriza la piel al recordarla.

Ese día lo vi claro: las gordas no tenemos la culpa de que este mundo sea tan mierda con nosotras. No nos merecemos esto bajo ningún concepto.

Tiempo después -y en circunstancias que relataré más adelante- empezamos con Stop Gordofobia, contando esta y otras historias de discriminación que lamentablemente nos encontrábamos a diario. Así fuimos descubriendo que era más común de lo que pensábamos y que no estábamos ni locas ni solas en nuestra rabia e indignación por los atropellos a los que somos sometidas las personas gordas.

Desde ahí fuimos creando discurso, debatiendo con quienes se sumaban a la página y a la iniciativa, exponiendo nuestros argumentos y recibiendo críticas, investigando sobre este tema con los pocos recursos que encontrábamos, y también relacionándonos con otros grupos y páginas de internet que luchaban en esta misma línea o por esta misma causa. De esta forma logramos ir perfilando el concepto de **gordofobia**, hablando de sus circunstancias y las posibles causas o justificaciones, así como de las vías que vemos de luchar contra esta discriminación de las personas gordas.

Por todo esto es que hoy esta publicación es posible, como producto y sistematización de un recorrido de encuentros y desencuentros colectivos, reflexivos, militantes, dolorosos y alegres entre un amplio grupo de personas gordas y no gordas. Un recorrido que ha sido realizado en su gran mayoría a través de internet. Y esto es algo a destacar. No creo que sea baladí el hecho de que esta protesta haya surgido en la red al amparo

1. www.facebook.com/stopgordofobia

del anonimato y la libertad que ésta proporciona a la hora de denunciar abiertamente la discriminación, de exponer nuestra intimidad en el relato de las historias personales de humillación, etc.

Por lo que respecta al contenido, encontrarán en el primer capítulo un breve repaso a la historia del activismo gordo en la red de habla hispana. En el segundo capítulo serán expuestos los lugares comunes de la gordofobia, para luego hablar de ella como una *opresión* en el tercero. Finalmente en el cuarto se abordará la relación entre la lucha antigordofóbica y la lucha feminista, y en el quinto encontrarán un análisis crítico de la moda de las *gordibuenas*. Todo esto irá acompañado de algunos testimonios de los que hemos ido publicando en la página de Stop Gordofobia, cuya actividad principal ha sido hasta ahora la publicación de relatos escritos por los usuarios de la página que denuncian la gordofobia experimentada a diario. Completan este texto unos poemas de mi autoría, y algunas coplillas del Komando Tripontxi, que irán encontrando entre capítulo y capítulo, los cuales forman también parte importante de mi proceso personal de empoderamiento y pretenden ser un arma más contra la gordofobia.

STOP
GORDOFOBIA

1. LA REVUELTA ANTIGORDOFÓBICA EN LA RED

¡Se armó la gorda!

Amar nuestros cuerpos para conseguir la paz

que con tanto descaro nos arrebataron desde niñxs.

Usuaria anónima de S.G.

La lucha de la gente gorda contra la discriminación padecida debido a sus cuerpos tiene sus antecedentes en Estados Unidos en los años setenta del pasado siglo, con el nacimiento de *The Underground Fat,* un grupo formado por mujeres feministas gordas de Los Ángeles. El grupo centraba su interés en la medicalización de la gordura (específicamente en su impacto en las mujeres) motivo por el cual (cumpliendo con eso de que "lo personal es político") llevó a cabo diversas investigaciones sobre la relación entre gordura y violencia médica. Los resultados obtenidos fueron compartidos con la población y distintos grupos políticos a través de acciones y campañas de información y difusión[1]. Uno de los textos más significativos de este colectivo (y por tanto de los inicios del movimiento) es el *Manifiesto de la Liberación Gorda,* escrito por Judy Freespirit y Sara Aldebaran en el año 1973, cuyo contenido, si bien incluye la preocupación inicial por la medicalización de la gordura, abarca, sin embargo, mucho más que ésta. En un breve pero intenso manifiesto, las autoras

1. COOPER Charlotte, "Fat is a feminist issue, but whose feminism?", The Scavenger, 12/11/2010 [http://www.thescavenger.net/feminism-a-pop-culture-sp-9560/feminism-a-pop-culture/428-fat-is-a-feminist-issue-but-whose-feminism-90645.html consultado el 02/08/15].

exponen que la gente gorda merece dejar de ser ridiculizada y discriminada en los espacios públicos, las áreas del empleo, la educación y la salud. Manifiestan que las gordas merecen total respeto y reconocimiento, y que deben poseer el poder sobre sus cuerpos y sus vidas[2].

Algo en lo que coinciden en sus ensayos, la activista gorda británica Charlotte Cooper y la chilena Constanza Álvarez (a pesar de las distancias continentales e idiomáticas) es que, si bien los activismos gordos tienen un largo recorrido –al menos en los países de habla inglesa como Estados Unidos y Gran Bretaña-, es poca la información o los registros que se tiene de ellos. Después de los inicios de *The Underground Fat* consta la existencia de algunas conferencias sobre esta temática en Gran Bretaña en el año 1989, realizadas por el *London Fat Women's Group* y el trabajo (en Estados Unidos) de grupos como *Health at Every Size* (HAES) o *National Association to Advance Fat Acceptance* (NAAFA) desde los años setenta hasta la actualidad. Por último, el activismo gordo angloplarlante cuenta en sus filas con los *Fat Studies* (investigaciones sobre gordura, salud, feminismo gordo, etc.) y parte de los movimientos *queer* (que, en tanto que movimientos por la diversidad corporal, incluyen la lucha antigordofóbica), así como el movimiento feminista de las *Riot Grrrl*, las publicaciones de la ya nombrada activista Charlotte Cooper o la revista *Fat! So?* de Marilyn Wann, todas las cuales empiezan sus andanzas en la década de los noventa[3].

Por su parte, en el mundo hispanohablante la gordofobia como concepto y la antigordofobia como lucha han aparecido recientemente de la mano de internet, en especial en las "redes sociales". Internet se configura, en pleno siglo XXI, como un gran espacio comunicacional, un poderoso agente socializador creador de realidades y también de disidencias. Un amplio espectro de páginas web, *fanpages* de Facebook, revistas *online*, blogs, cuentas de Youtube y perfiles de Twitter de temática antigordofóbica han copado el ciberespacio. Desde mi punto de vista, el activismo gordo hispanohablante (al menos lo que se conoce popularmente y se ha difundido ampliamente hasta la actualidad) comienza alrededor del 2012 de la mano de las redes sociales, teniendo especial importancia uno de los primeros portales de internet de temática gorda: La Gorda!Zine.

Laura Contrera (filósofa argentina que se encuentra detrás del Gorda!Zine) fue una de las primeras personas que encontré en internet cuando me lancé de lleno a la búsqueda de alguien que me explicara o teorizara

---

2. Freespirit J. y Aldebaran S., "Manifiesto por la liberación gorda" (Estados Unidos, 1973). Traducción de la revista *Una buena barba* Nº3, 2011: 21-22 [www.unabuenabarba.com consultado el 4/08/2015].

3. ÁLVAREZ Constanza, *La Cerda Punk. Ensayos desde un feminismo gordo, lésbiko, antikapitalista y antiespecista,* Valparaíso: Trío Editorial, 2014. Págs. 45-49.

qué carajo estaba pasando con mi cuerpo y cómo gestionar (y reforzar ¡por favor!) el espléndido hecho de que de un tiempo a esta parte viera a mi cuerpo más como un aliado que como un enemigo, más como una herramienta de lucha que como un lastre, más con amor que con odio. Contrera se ha tomado la molestia de ir traduciendo algunos textos de gordas angloparlantes como Charlotte Cooper, Samantha Murray, Nomy Lamm o la cantante Beth Ditto -algo muy útil si tenemos en cuenta que cuando ella empezó a realizar este trabajo prácticamente no había textos de temática antigordofóbica en castellano. Hoy en día contamos también con la original e irreverente publicación *La cerda punk. Ensayos sobre un feminismo gordo, lésbiko, anticapitalista y antiespecista* de la activista y *performer* Constanza Álvarez, uno de los primeros libros en castellano sobre gordura subversiva.

Tiempo después de la Gorda!Zine aparecimos casi simultáneamente Orgullo Gordo, Stop Gordofobia, Cuerpos Empoderados y otros grupos en redes sociales que –cada cual desde su postura y con sus propias herramientas- nos hemos ido dedicando a combatir la gordofobia desde nuestros rincones[4]. Con este auge ciberactivista la discriminación gordofóbica fue poco a poco perfilándose y la palabra "gordofobia" haciéndose cada vez más popular, al punto de que incluso varios medios de comunicación de masas se vieron interesados en el tema y realizaron notas al respecto (medios que no citaré para no hacerles publicidad gratuita JA-JA). ¿Lo importante? Estaba en boca de todo el mundo la palabra **gordofobia.**

Pidiendo disculpas desde ya a las compañeras por atreverme a hacer esto, y respetando por supuesto nuestras diferencias (que las hay seguramente), creo que podemos hablar de ciertos puntos en común entre los distintos grupos de activismo gordo: a) hacer siempre referencia a nosotras mismas con las palabras "gordo" y "gorda" como una acción de empoderamiento y apropiación del insulto, pues tal como enuncia Nomy Lamm «cuando soy consciente de mi gordura, no puede usarse en mi contra»[5]; b) politizar la gordura y articular un discurso que demuela el odio propagado hacia ésta; c) romper con la invisibilización absoluta a la que están siendo sometidos los cuerpos gordos; d) fomentar la expresión pública de la herida: la difusión de experiencias personales en particular y la denuncia de la gordofobia en general, y de todos los ámbitos y formas en las que se manifiesta. Para todo ello se hace uso de herramientas artísticas, comunicativas y de denuncia que ofrece internet (imágenes, foto-

4. Me centro en concreto en estos espacios antigordofóbicos en base a la articulación de discursos crítico-políticos sobre la gordura, pero lo cierto es que son numerosos los espacios antigordofóbicos de todo tipo: artísticos, musicales, gráficos, de chistes, etc. Hacer una lista exhaustiva sería imposible aquí y ahora

5. LAMM Nomy, "It's a big fat revolution", *Listen Up: Voices From The Next Feminist Generation*, 1995 [http://tehomet.net/nomy.html consultado el 24/08/2015].

grafías, artículos, *posts,* chistes, fanzines, poesías, etc.). Este tipo de congregación de espacios contra la gordofobia es conocido en inglés como *fatosphere*[6], y aunque en el mundo de habla hispana como podemos ver también existe algo similar, aún no le han puesto nombre o no ha surgido... ¿gordósfera? ¿esfera gorda? El tiempo dirá. Lo importante: somos muchas gordas, estamos cabreadas y nos estamos organizando.

Hace algún tiempo le preguntaron a mi compañero de trincheras y cofundador de Stop Gordofobia, Carlos Savoie, la intención de grupos como el nuestro:

> «...crear un grupo de iguales para empoderarnos riéndonos de la gordofobia social, deconstruir la carga negativa de la palabra "gorda" para apropiárnosla, crear algo de discurso, nuevas consignas... Pienso que habría que erradicar los estereotipos obviamente, pero, para ello, las personas gordas tenemos que organizarnos, visibilizarnos y educar en el respeto a la diversidad. (...) Al igual que en los comienzos del movimiento feminista, del movimiento LGTBI, de liberación negra, etc., todas esas personas que se sabían oprimidas necesitaron de espacios cerrados, propios, entre iguales, para empoderarse, crear identidad colectiva, etc. El movimiento contra la gordofobia creo que sigue la misma estela.»[7]

"GORDA! ZINE"

Empezó como un blog de la red social *Tumblr*[8] en marzo del 2012 y desde el 2014 adoptó la forma de página web. Está gestionado por la abogada, filósofa y activista gorda argentina Laura Contrera quien, entre otras cosas, como la oferta de talleres formativos o la publicación de sus propios artículos y reflexiones [ver imagen 1], utiliza su web para compartir y difundir las traducciones que ella misma hace al castellano de textos escritos por activistas gordas angloparlantes de actualidad, como Charlotte Cooper, Samantha Murray, Nomy Lamm o la cantante Beth Ditto. En la descripción de su web encontramos la siguiente bienvenida:

«Apropiándonos del insulto para salir del lugar de la herida. Gorda! Un zine que no busca aceptación ni agrado... Porque algunas chicas somos más grandes que otras! Porque estamos deseando más cuerpos sin patrones que nos deseen... Punk will never diet!»[9].

---

6. Fatosphere es un término utilizado en el mundo angloparlante para referirse a los blogs y espacios de internet que tratan el tema del "activismo fat" (activismo de la gordura). Proviene de la palabra blogosphere (blogósfera) un término que define el mundo o espacio de los blogs como una comunidad interconectada y unida por temáticas, intereses afines, etc.

7. MORA Santiago, "Gordofobia: entrevista a Carlos Savoie", *Maquinando con Arquimedex* [http://maquinandoconarquimedex.blogspot.com.es/2014/11/gordofobia-entrevista-carlos-savoie.html consultado el 19/07/2015].

8. [gordazine.tumblr.com consultado el 17/07/2015]

9. [www.gordazine.com.ar consultado el 17/07/2015]

"ORGULLO GORDO"

Empezó en septiembre del 2012 como una *fan page* de Facebook[10] y cuenta también con una página web. Si bien cumple varias funciones como la de denunciar la gordofobia o la de difundir información sobre el orgullo gordo, una de sus principales aportaciones ha sido la traducción y difusión de artículos e investigaciones científicas que ponen en duda, o cuestionan en parte, los discursos populares que asocian la mala salud a la gordura o la postulan como una enfermedad. También han realizado campañas de denuncia sobre el enriquecimiento que produce la patologización de la gordura [ver imagen 2]. Lucas Barozzi, uno de los administradores de esta página argentina, afirma en la bienvenida de su web:

«El orgullo gordo no es un término composicional meramente. De lo que estamos orgullosos es de que en una sociedad que nos odia profundamente, nos levantamos todos los días y tratamos de vivir lo mejor posible, de ser felices, a pesar del odio. Lo de la salud es simplemente un discurso más como que "los gays se van a ir al infierno" o cualquier otro discurso de odio. Lo que demuestran las investigaciones científicas es que la salud no depende del peso sino del estilo de vida (...). La única forma en que no te guste estar gord@ es si asimilaste el discurso de dominación que indica que "estar gordo está mal.»[11]

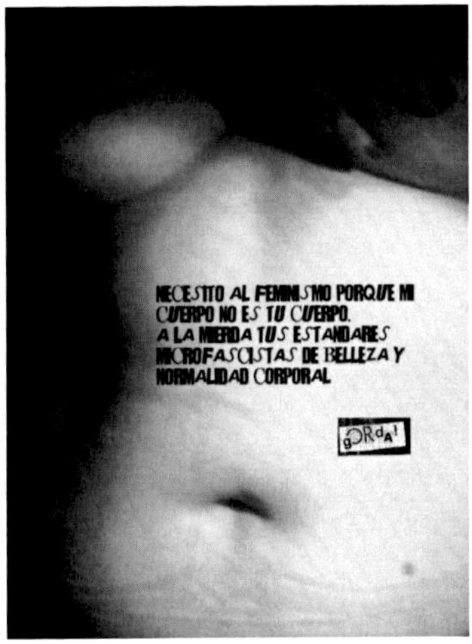

Imagen 1. Gráfico de Laura Contrera en La Gorda Zine! [Fuente: gordazine.tumblr.com]

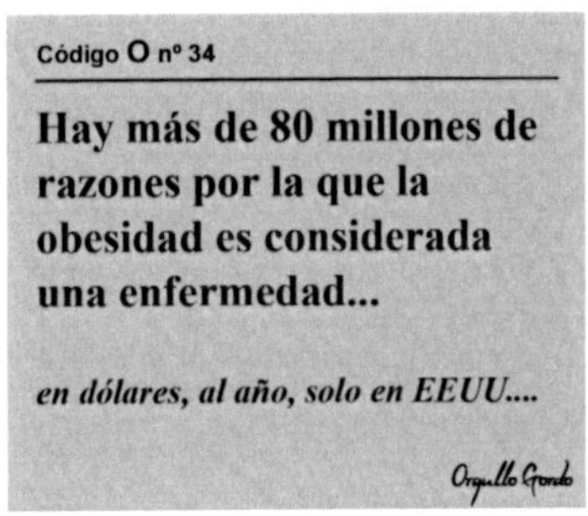

Imagen 2. Uno de los gráficos de Orgullo Gordo contra la consideración de la obesidad como una enfermedad. [Fuente: facebook.com/orgullogordo]

10.[www.facebook.com/OrgulloGordo consultado el 17/07/2015]

11. [orgullogordo.webs.com consultado el 17/07/2015]

"CUERPOS EMPODERADOS"

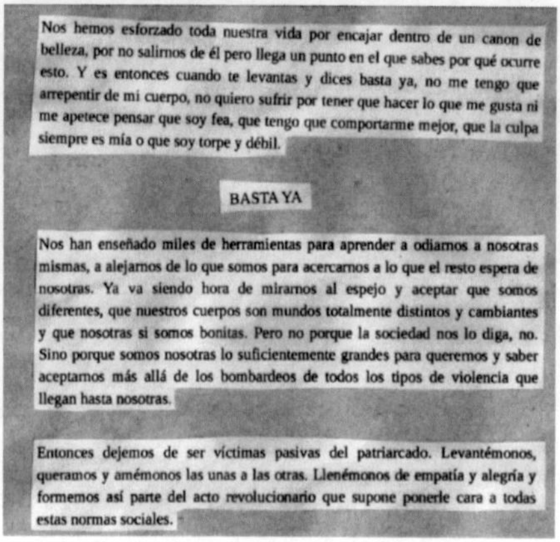

Nos hemos esforzado toda nuestra vida por encajar dentro de un canon de belleza, por no salirnos de él pero llega un punto en el que sabes por qué ocurre esto. Y es entonces cuando te levantas y dices basta ya, no me tengo que arrepentir de mi cuerpo, no quiero sufrir por tener que hacer lo que me gusta ni me apetece pensar que soy fea, que tengo que comportarme mejor, que la culpa siempre es mía o que soy torpe y débil.

BASTA YA

Nos han enseñado miles de herramientas para aprender a odiarnos a nosotras mismas, a alejarnos de lo que somos para acercarnos a lo que el resto espera de nosotras. Ya va siendo hora de mirarnos al espejo y aceptar que somos diferentes, que nuestros cuerpos son mundos totalmente distintos y cambiantes y que nosotras si somos bonitas. Pero no porque la sociedad nos lo diga, no. Sino porque somos nosotras lo suficientemente grandes para querernos y saber aceptarnos más allá de los bombardeos de todos los tipos de violencia que llegan hasta nosotras.

Entonces dejemos de ser víctimas pasivas del patriarcado. Levantémonos, queramos y amémonos las unas a las otras. Llenémonos de empatía y alegría y formemos así parte del acto revolucionario que supone ponerle cara a todas estas normas sociales.

Imagen 3 : Fragmento de una página del Fatzine (2015) de "Cuerpos Empoderados" *[Fuente: cuerposempoderados.wix.com/gordas]*

Este colectivo lo conforman un grupo de estudiantes de antropología de Madrid que inician su andanza para hablar de y desde la gordura, y llenar con ello el vacío que notan en su disciplina respecto a este tema. Tal como exponen en su web, su meta es crear herramientas que sirvan para la comprensión de los cuerpos que no tienen lugar físico ni mental en la sociedad, partiendo de la base de una crítica al discurso dominante que –según ellas- pone al «hombre occidental, blanco, heterosexual, propietario y burgués como creador de mundos, mundos que la mayoría sufrimos». Han realizado y publicado el "Fatzine", un *fanzine* de temática gorda, feminista y antiespecista [ver imagen 3] que han difundido por su ciudad (Madrid) y también puede leerse *online*. Su web, por cierto, la plantean como un puente entre su trabajo y la gente con la que desean trabajar (gente gorda). Afirman que su principal objetivo es la visibilización; será por eso que en ella cierran su presentación con una frase clara y contundente: «¡Si nuestro cuerpo es político, hagámoslo público!»[12].

CONSTANZA ÁLVAREZ (ALIAS "MISSÓGINA")

Escritora, artista *performer* y activista gorda. Desde Chile administra su espacio web "Missogina"[13], donde publica textos, reflexiones, así como videos de sus *performances* y *fanzines* de temática gorda y feminista [ver imagen 4]. Es, además, la autora de uno de los primeros libros de lengua castellana sobre esta temática: *La cerda punk. Ensayos sobre un feminismo gordo, lésbiko, antikapitalista y anties-*

12.[http://cuerposempoderados.wix.com/gordas#!gente-gorda/cjcj consultado el 17/07/2015]

13. [http://missogina.perrogordo.cl/ consultado el 17/07/2015].

pecista (2014). Esta publicación consta de una compilación de diversos ensayos de la activista (textos sobre capitalismo, feminismo, gordofobia, especismo, etc., la mayoría de ellos con un enfoque muy personal o vivencial, propio de la tercera ola feminista). Cuenta también con un resumen de la historia del activismo gordo (tanto del anglo como el de habla hispana) y guiños a manifestaciones culturales antigordofóbicas latinoamericanas y españolas, todo intercalado con poesías subversivas de autoría propia y de amigas. Vale la pena citar algunos de los fragmentos de su irreverente *Manifiesto Gordx*[14], el cual ha causado mucho revuelo desde que empezó a circular, hace algunos años, de la mano de un cortometraje pospornográfico protagonizado por ella misma, titulado de la misma forma que la poesía-manifiesto[15]:

Imagen 4: Página del fanzine G.O.R.D.A.S en el que participa Constanza Álvarez y es difundido en su web. *[Fuente: missogina.perrogordo.cl]*

«Nuestro cuerpo, el primer enemigo
Es ahora, en el presente, Gordx
Porque no se nace gordx, se llega a serlo..
Enunciamos, "algunas chicas son más grandes que otras".

Nosotrxs proclamamos;
Que ante todo, re-construiremos nuestras vidas desde lo que somos,
lo que molesta (...)

Somos la vida desbordada de placer oral
Porque nos gusta comer y no queremos reprimirnos tales deseos
Solo para que le pueda gustar a la familia, al compañerx sexual de paso o al
jefe que no me quiso contratar por la mala presencia.

---

14. Nótese el uso de la equis (X) a lo largo de todo el texto: es muy común, en textos y portales feministas en la red, la utilización de la equis (X) o el asterisco (*), en lugar de la a o la o, para denotar un género neutral en lo que se entiende como un lenguaje más inclusivo.

15. ÁLVAREZ Constanza, *Manifiesto Gordx(A)*. [https://vimeo.com/109102839 consultado el 28/08/2015].

Somos la denuncia andante de las inconsecuencias
de la democracia de los cuerpos,
Somos quienes nos resistimos a desaparecer
ante el adelgazamiento de las diferencias corporales.

Porque el ser gordx no es algo anecdótico,
es político, contra lo establecido.

Lo que no encaja, lo que excede, lo que estalla límites, costuras y cierres, asientos de micros,
Fronteras, ficciones, deseos.

Acá están mis pliegues, acá están mis rollos, acá está el cuerpo,
ese que no corresponde
Ese que aparantemente nadie quiere follar, este cuerpo enfermo.

Hablamos como gordxs (...)
Como proletarixs de la belleza y la salud
Que damos asco a tu sistema de vigorosidad, fortaleza, fecundación y fuerza.»[16]

"STOP GORDOFOBIA"

Poca gente lo sabe, pero Stop Gordofobia es una semillita que empezó a germinarse en el 15M de Tenerife (Islas Canarias) en el 2011. Una noche Carlos Savoie (activista LGTB) y yo (activista feminista) nos pasamos largas horas hablando de nuestros cuerpos: la vergüenza, el complejo, la tristeza, el deseo de aceptación, las nutricionistas, las dietas, la fuerza de voluntad, la invisibilización política, la falta de un feminismo que incluyera en sus discursos corporales el cuerpo gordo... Concluimos que la gordura era un asunto político (que además no estaba siendo tratado en ningún espacio político como tal). La verdad es que después del largo recorrido de estos años esta afirmación ya parece una auténtica obviedad. Sin embargo, en ese momento fue una conclusión conjunta bastante clarificadora y liberadora: por fin situábamos al enemigo fuera y no dentro de nosotras mismas. A partir de ahí, cual niñas pequeñas que recién han aprendido a leer y se obsesionan con comer textos a tutiplén, nos pusimos a investigar como locas las dos en internet sobre lo que considerábamos una evidente discriminación hacia la gente gorda y encontramos (además de la ya citada Gorda! Zine) algunos artículos sobre *fatphobia,* palabra que más tarde terminamos traduciendo como "gordofobia" para el nombre de nuestra página[17].

---

16. ALVAREZ Constanza, *La cerda punk. Ensayos desde un feminismo gordo, lésbiko, antikapitalista y antiespecista,* Trío Editorial: Valparaíso, 2014. Págs. 28-30.

17. Quiero aclarar que esto no significa que nosotras hayamos inventado dicha palabra, pues he buscado en internet y resulta que hay otras personas que la utilizaron tiempo antes que nosotras. Es decir, no fuimos las primeras. En este caso, sólo describo nuestro proceso personal de traducción y selección del nombre.

Habíamos visto por fin la luz. Pero Stop Gordofobia no fue nuestra primera opción. Antes de la página creamos un grupo privado y secreto de Facebook al que llamamos "La vista gorda" y "Se armó la gorda", por períodos de tiempo distintos. En él fuimos incluyendo a gente gorda de nuestro entorno para hablar entre afines de temas relacionados con la gordura, la gordofobia, los complejos, el empoderamiento personal, etc. y funcionó durante medio año aproximadamente.

Me parece importante recalcar la existencia de este primer grupo privado y secreto, pues debemos reconocer que el ejercicio público de nuestra crítica fue algo que nos costó esfuerzo. La timidez y vergüenza por nuestros cuerpos estaba presente y no podíamos dejar de pensar en eso de que "¡Ay dios! ¡Qué vergüenza si la gente de mi entorno se entera de que soy una gorda que no quiere adelgazar y fustigarse a sí misma, sino estar orgullosa y no ser discriminada!". Así que nos costó. ¡Vaya que si nos costó! Exponernos abiertamente como antigordofóbicas era un gran paso al frente, un acto de empoderamiento brutal, porque la realidad es que a las gordas nos han convencido de que nos merecemos ser discriminadas y humilladas, que debemos sentir vergüenza de nuestros cuerpos, que no tenemos derecho a amarnos o sentir orgullo alguno de nosotras mismas y muchísimo menos aún tenemos derecho -¿en qué cabeza cabe?- a protestar contra la tiranía gordofóbica. Así que, en conclusión, este primer grupo secreto fue en realidad un armario[18] , un sitio seguro pero invisible del que decidimos salir en un momento en el que notábamos la necesidad y las fuerzas suficientes para hacer pública nuestra denuncia política sobre los cuerpos gordos. Así fue que decidimos crear la página (*fanpage*) de Facebook "Stop Gordofobia", la cual en su primer día logró 100 seguidoras y la inimaginable cifra de 1000 en su primera semana, algo que para nosotras significaba un éxito rotundo. En un principio la página no tenía más fin que nuestra propia necesidad de compartir cosas entre gordas (historias, música, artículos, etc.) a la par que encontrar comprensión e identificación del otro lado de la pantalla. Sin embargo, con el tiempo la cosa fue creciendo y adquiriendo personalidad, tanto que hoy podemos definir los fines y las herramientas de Stop Gordofobia.

---

18. Sí, las gordas también estamos en un armario. No está permitido ser gorda y estar orgullosa de ello, o no vivir acomplejada y triste por el cuerpo que te tocó. Tanto es así que estuve gestionando por casi un año S.G. sin que nadie de mi entorno político supiera que yo era una de sus fundadoras y administradoras... me daba vergüenza que supieran que ya no tenía tanta vergüenza de ser gorda... un trabalenguas auto-gordofóbico. La cuestión es que habíamos roto una barrera. Y nos faltaba romper la segunda.

S.G. trabaja con las siguientes intenciones o metas:

- **La visibilización de los cuerpos gordos** (y en general cuerpos disidentes de la norma de belleza corporal). En este sentido es que S.G. ha llevado a cabo varias campañas para la visibilización de la diversidad corporal, consistentes en que las personas usuarias de la página enviaran fotografías de sus cuerpos para ser publicadas [ver imagen 5]. Puede ser muy importante y de mucha ayuda un hecho tan simple como ver una foto y sentirte identificada con el cuerpo que allí aparece

- La **denuncia de los actos gordofóbicos** cotidianos, que vemos tanto en los medios de comunicación como en nuestras vidas personales. Para prevenir y combatir la gordofobia es necesario saber dónde, cuándo y cómo actúa. Las usuarias envían sus historias personales y son publicadas en el muro de la página para así dar a conocer lo que ocurre a las personas gordas.

- **El empoderamiento colectivo** a través del apoyo y la comprensión entre iguales, para sentir que no estás loca ni sola (que hay alguien que te entiende) y a su vez tener una voz amiga que cuando sufres un acto gordofóbico te ayude a embadurnarte de mantequilla para que todo te resbale (y si no logra que te resbale, al menos te dé un pañuelo).

- **Difusión de contenidos antigordofóbicos**: propaganda de páginas amigas, artículos antigordofóbicos, canciones, poesías, etc., fomentándose además la creación de discurso entre todas a través del debate colectivo.

S.G. trabaja con las siguiente herramientas:

- **Horizontalidad e inclusividad**. El contenido volcado en S.G. es mayormente enviado por las usuarias del portal, teniendo las administradoras las únicas funciones de moderar (para evitar los ataques personales) y publicar lo enviado. En S.G. no hay jerarquías, y todo contenido y debate es bienvenido (siempre que se haga desde el respeto a los valores antigordofóbicos del portal).

- **Solidaridad.** En S.G. creemos que son imprescindibles las alianzas entre oprimidas para luchar por un mundo sin opresión. En este sentido apoyamos la lucha feminista, LGTBIQ, anticapitalista, antirracista, anticolinialista, etc., porque como dijo Paco Vidarte «contra la opresión sistémica sólo cabe la solidaridad».

Imagen 5: Selección de fotografías de una (contra)campaña estética de Stop Gordofobia, denominada "Todos los cuerpos son cuerpos de playa", realizada como crítica a las campañas publicitarias veraniegas de "operación bikini", que invitan a adelgazar para tener "un cuerpo de playa". *[Fuente: facebook.com/stopgordofobia]*

- **Discurso abierto y (auto)crítico.** Porque sin crítica no llegamos a ninguna parte, S.G. es una página que está en constante construcción, donde sus usuarias debaten todo sin miramientos.

- **Empatía y humor**. Quizás éstas sean de las cosas que muchas veces olvidamos en las trincheras y que más deberíamos tener en cuenta, pues de ponerse en el lugar del otro es que surge la ética y el buen vivir en comunidad, y del humor el goce y el disfrute de la actividad realizada. Ya lo dijo Emma Goldan: «si no puedo bailar no es mi revolución».

A modo de conclusión: similitudes, diferencias y debates ideológicos en las *fatospheres*.

En un mundo globalizado como en el que vivimos es descabellado pensar que no haya ningún tipo de conexión entre las líneas de activismo anglo e hispano, aunque quizás debamos tener en cuenta que: a) el activismo anglo está poco documentado y apenas traducido; y b) el activismo hispano ha surgido en un contexto absolutamente diferente, tanto histórico como étnico-cultural, en la medida en que surge en el Estado español y Latinoamérica de la mano del ciberespacio, circunstancias que aportan ciertas especificidades en lo que respecta a los ámbitos de actuación, la metodología, el alcance (de diferencias evidentes cuando el medio de comunicación y actuación es internet) y las probables intersecciones con las opresiones experimentadas según localidades, tales como el (neo) colonialismo en Latinoamérica, el machismo, las crisis económicas, etc.

En cualquier caso cabe destacar que, si bien por el momento no parece prudente establecer una relación de continuidad histórica entre el activismo gordo anglo y el hispanohablante, sí que podemos trazar una relación ideológica entre ambos, pues el primero viene denunciando en su zona y desde hace décadas lo mismo que el segundo ha sacado a la luz, recientemente, para el mundo de habla hispana: existe la gordofobia, una discriminación hacia la gente gorda que afecta a prácticamente todos los ámbitos de sus vidas.

Una vez reconocido esto surgen los inevitables debates: ¿es la gordofobia una opresión, una cuestión estructural de la sociedad? ¿afecta de la misma forma la gordofobia a hombres que a mujeres? ¿es una opresión que se intersecciona con otras y que, por lo tanto, debe tejer alianzas con otras luchas? ¿es la lucha antigordofóbica una lucha feminista? Todas las opciones están sobre la mesa, y parece necesario ir afilando el discurso.

Indisimulada

No puedo disimular este cuerpo, no tengo donde esconderlo.
No soy frágil.
No soy delicada.
No soy débil.
No cumplo con el canon.
Y se me nota.

No puedo disimular este desborde
esta ruptura de límites
esta okupación (i)lícita
estas carnes (sobre)salientes.
No puedo disimular que soy fuerte,
No puedo disimular el sonido firme de mis pasos,
ni que estoy segura de mí misma,
por dentro,
por fuera,
y en todos lados.

No puedo cumplir con tu deseo de odiarme a mí misma,
de sentir vergüenza de lo que soy
o de sentir vergüenza de no sentir vergüenza de lo que soy.

No puedo.

No puedo porque no quiero.
No quiero porque me importa una mierda.
Me importa una mierda porque me amo.
Me amo porque todo me importa una mierda. Por fin.

Magda

[Autoría: Colectivo LiberARTE.]

2. LOS LUGARES COMUNES DE LA GORDOFOBIA

Definir todos los ámbitos en los que se produce una discriminación puede ser una tarea algo complicada; me atrevería a decir que quizás hasta imposible. No obstante, a lo largo de estos años de activismo antigordofóbico en la red se han ido perfilando -a través de la denuncia pública y la difusión de las historias personales de las personas gordas- una serie de espacios o contextos en los que se divisa de forma explícita la gordofobia, en los cuales además es observable que dicha discriminación supone una limitación clara para el desarrollo pleno de la vida de quien la padece. Probablemente haya muchos más espacios que los expuestos aquí -incluso más sutiles- en los que se (re)produzca la discriminación, pero por el momento he elegido presentar los siguientes, a modo de pinceladas generales sobre esta cuestión.

INVISIBILIZACIÓN CULTURAL Y SILENCIAMIENTO

¿Cuántas novelas son protagonizadas por gordas? ¿Cuántos cuentos o canciones? ¿Cuántas películas? ¿Cuántos programas de televisión están conducidos por personas gordas? ¿Cuántas periodistas gordas dan las noticias o hacen reportajes en los noticieros? ¿Cuántas escritoras gordas podríamos nombrar ahora mismo? La gente gorda es casi invisible en las producciones culturales y las pocas veces que aparecemos lo hacemos de la mano de la risa y la humillación, marcando la *diferencia*. Porque pensar en los personajes gordos/as de las películas es pensar en algo gracioso. Punto. Poco más que agregar. El gordo es un chiste de sí mismo. La gorda no es quien actúa. La protagonista en todo momento es *la gordura* y no la gorda, presentada como una masa informe que habla por sí misma y desde sí misma con la única y exclusiva meta de hacer reír desde la humillación, desde la explicitación y ridiculización de su cuerpo marcado como *el diferente*. Y cuando no queda espacio para la risa, ocupa su lugar la lástima (un sentimiento igual de asqueroso).

Nos encontramos frente a personajes que no son personas, que no son sujetos (con deseos, personalidad, gustos, etc.) sino seres a quienes les han negado la agencia[1], la voz, el derecho a ser una persona humana y no un simple objeto (de risa). La voz de la gorda no existe y si existe no importa para el discurso dominante. Lo mismo ocurre en los medios de comunicación: ¿qué noticias hablan de las personas gordas? Sólo las que anuncian alarmas sobre la "epidemia"[2] de la obesidad y el peligro de nuestra existencia para la humanidad, para la economía, para la salud, para los animales, para todo el planeta Tierra... ¡¡¡A las gordas nos han llegado a echar la culpa hasta del agujero de la capa de ozono!!! Y esto es verídico.

Todas estas cuestiones tienen como consecuencia que el punto de vista de la gente gorda no esté reflejado en las producciones culturales de la sociedad de la que formamos parte. Yo no veo en las películas a una gorda con la que identificarme ni física ni personalmente. No encontramos en la cultura perspectivas de la gente gorda sobre la experiencia de nuestros cuerpos, nuestra forma de vivir las relaciones sexuales o el amor; sobre nuestra manera de cuidarnos o mimarnos. Nuestros sueños, alegrías y frustraciones no están en ningún sitio. Nuestras formas corporales tampoco (y si aparecen ya veíamos antes en qué circunstancias). Por lo tanto, asumimos como propios los relatos que realizan otras sobre nosotras, o los relatos de otras sobre sí mismas desde la diferencia, la distancia y el rechazo por lo que somos. Las gordas nos vemos definidas a través de un ojo externo, de una mirada que no es la nuestra. Estos ojos que nos definen son los ojos del opresor, quien ha monopolizado los discursos de la sociedad y ha puesto su punto de vista como el neutro, objetivo, correcto, verdadero, universal. Ha monopolizado la opinión pública y nos ha convencido de que tiene razón y que su punto de vista es el que representa a toda la humanidad (incluidas nosotras las gordas). ¿Y qué nos dice? Que la gordura es rechazable, es enfermiza, es asquerosa, la gente gorda no es feliz y merece ser invisibilizada o, en su defecto, humillada y ridiculizada.

Definirnos a través de los discursos del amo fue descrito por la filósofa feminista Iris Marion Young como "imperialismo cultural". La autora exponía en *La justicia y la política de la diferencia* que las personas bajo el imperialismo cultural cuentan con una opresión bastante irónica, pues somos socialmente visibles al ser marcadas como diferentes, pero culturalmente invisibles al carecer los discursos dominantes de nuestro punto de vista o perspectiva. Cita Young a W.E.B du Bois para explicar esta "doble conciencia": «esta sensación de vernos a nosotras mismas siempre a través de los ojos de otras personas, de medir nuestras almas con la vara de un mundo que nos contempla con divertido desprecio y lástima»[3].

1. Es decir, se les ha negado la capacidad de actuar, de llevar a cabo acciones.

2. Tal epidemia ha sido fuerte y argumentadamente cuestionada por muchos movimientos e investigadoras/es antigordofóbicos. Un ejemplo: Deborah Lupton, *Fat Politics.*

3. YOUNG Iris Marion, *Op.cit.,* pág.104.

A continuación transcribo una de las historias que ha llegado a Stop Gordofobia y que, a mi modo de ver, refleja a la perfección este asunto de la "extranjerización corporal" propia del imperialismo cultural al que estamos sometidas las gordas y las derivas que esto puede tomar:

> «No me reconozco. Me miro en el espejo y quien está ahí no siento ser yo. He pasado media vida sin hacer fotos, sin pararme a mirar mi cuerpo, sólo imaginármelo o creérmelo, y ahora cuando quiero aceptarlo, no me reconozco, he olvidado completamente quién soy, he olvidado que mi cuerpo existe. Tengo un sueño recurrente en el que intento visibilizarme y sale algo, algo que no soy yo. (...) No me veo, es como si no existiera e intento aceptarme, pero me incomoda mirarme al espejo (normalmente con más gente) porque es ¿en serio, esto soy yo?, soy una maldita extranjera para mí misma. No me reconozco, no soy quien por fuera se ve que soy. Y sí, "lo de dentro es lo importante" pero no sé cómo convivir con mi cuerpo cuando no lo veo como mío, cómo luchar con él cuando soy una extranjera en él.»[4]

Mirar el espejo y no encontrar lo que nos exigen. Mirar el espejo y no encontrar lo que esperamos, lo que nos han enseñado a esperar. Mirar el espejo sin mirarse, porque los ojos que miran no son los nuestros: son los del opresor.

DISCRIMINACIÓN LABORAL

Toda gorda se ha enfrentado alguna vez en la vida a un anuncio de empleo que termina con un "se requiere buena presencia" y probablemente todas hemos pensado lo mismo al leerlo...: "¡MIERDA!". Es de conocimiento popular que la gordura no se enmarca dentro de la "buena presencia" porque "buena presencia" no significa sólo vestirse bien, estar limpia, perfumada o incluso ser educada... No, no, no. La buena presencia implica también ser una persona delgada. Esto es extensible a otros eufemismos como "se requiere buena imagen" o "se busca persona para trabajar de cara al público". De todas estas opciones laborales las gordas quedamos excluidas. Pero aún hay más: la cultura popular que asocia la gordura con la vagancia, ineficacia, lentitud, inmovilidad, pereza, y un largo etcétera de *maravillosas* cualidades, amplía aún más el ámbito de exclusión y la marginación porque nadie quiere a un *vago* o a una *lenta* trabajando para ella. No en vano afirma la socióloga Deborah Lupton en *Why is fat discrimination socially aceptable?*[5] que, en comparación con el resto de la gente, las gordas tenemos más probabilidades de caer en

---

4. Relato de Dunia Sly, 25 de junio del 2015 [www.facebook.com/Stopgordofobia consultado el 10/01/2016]

5. LUPTON Deborah, "Why is fat discrimination socially acceptable?", *Fat Politics: Collected Writings*. Department of Sociology and Social Policy, University of Sidney, 2013. [http://ses.library.usyd.edu.au/ consultado el 11/05/2015].

el desempleo y de acceder a empleos de peor calidad o peor pagados debido nuestra cualidad corporal y, en consecuencia, más posibilidades de caer en la pobreza con todo lo que ello conlleva: dependencia de los servicios sociales del Estado, marginación, pérdida de autonomía, falta de autoestima, etc. Yo iría más allá: uno de los grandes factores por los que es discriminada la gente gorda en el ámbito laboral, condenada –tal como ella misma expresa- a la marginación y a la exclusión, es porque no se nos considera *productivas;* no cumplimos, al parecer, con la eficacia y competitividad que el sistema capitalista requiere estética y corporalmente.

El 24 de enero del 2016 un hombre de Tenerife denunciaba en la radio que una empresa gasolinera en la que cumplió el período de prueba de una semana (sin contrato) le había anunciado que finalmente no lo contrataría **por ser gordo**. En nuestra página también son denunciados casos como éste. Lejos de nuestro alcance está el acceso a una cifra concreta de personas discriminadas por su peso en el sistema laboral, mientras que sí se confirma que el peso es, en ocasiones, excusa para no contratar o para realizar despidos, e incluso para cuestionar la capacidad de alguien gordo de cara la realización de determinadas actividades. Así ocurrió cuando Maggie de Block –médica de profesión- asumió el ministerio de Asuntos Sociales y Salud Pública en Bélgica en el 2014, donde, en medio de una gran polémica, fue puesta en cuestión su idoneidad para el cargo por ser una persona obesa.[6] Con menos trascendencia y peores resultados, encontramos los casos de dos hombres, uno en Brasil[7] y otro en Uruguay[8], a quienes en abril y mayo del 2014, respectivamente, el Estado les impidió hacer toma de cargos públicos (ganados legítimamente) por tener un Índice de Masa Corporal[9] que los categoriza como obesos. Las argumentaciones de ambos Estados giraban en torno a la "salud" de los postulantes, mientras que estos últimos aseguraban que para los puestos ofertados (el primero de profesor, el segundo de chófer) sus cuerpos no suponían un impedimento. Ambos denunciaron al Estado. Ambos perdieron. Y esto último es lo importante, pues demuestra que el peso está siendo utilizado como un argumento "legítimo" –incluso por el Estado-

6. "La idoneidad de la Ministra de Salud Pública de Bélgica Noticia, cuestionada por su peso", *Periódico ABC,* 14/10/2014. [http://www.abc.es/internacional/20141014/abci-obesa-ministra-belga-201410141724.html consultado el 15/08/2015].

7. "Le impiden asumir el cargo a un profesor por ser obeso", *El país (Uruguay),* 15/04/2014 [http://www.elpais.com.uy/mundo/asumir-cargo-publico-obeso-brasil.html consultado 15/08/2015].

8. "Ganó un concurso pero no pudo entrar a la IMM por gordo", *El País (Uruguay),* 30/05/2014 [http://www.elpais.com.uy/informacion/gano-concurso-no-pudo-entrar.html consultado 15/08/2015]

9. El índice de masa corporal (IMC) es un indicador simple de la relación entre el peso y la talla que se utiliza frecuentemente para identificar el sobrepeso y la obesidad en los adultos. Se calcula dividiendo el peso de una persona en kilos por el cuadrado de su talla en metros, quedando la fórmula de esta forma: kg/m^2 [Organización Mundial de la Salud www.who.int].

para impedir el acceso al mercado laboral a un sector de la población basándose en un rasgo físico específico. Está prohibida la discriminación por raza, sexo o religión, pero nadie ha dicho nada aún sobre la discriminación por peso o Índice de Masa Corporal.

Aquí un relato al respecto:

> «Soy una chica con obesidad mórbida, pero no por ello vaga, ni torpe, ni incapacitada laboralmente. Estoy harta de que cada vez que voy a una entrevista me miren como a un bicho raro (...). Cuando mando un currículum me llaman, pero nunca me contratan, ¿por qué será? Hace unos meses mi amiga y yo buscábamos trabajo, mandé un currículum y me dijeron que tenían que cubrir varios puestos, así que me citaron para una entrevista y de paso pedí también para mi amiga. Mi amiga es guapa y delgada, y eso le bastó para que le ofrecieran el trabajo para el que yo iba. Yo hablo tres idiomas, tengo una carrera relacionada con el trabajo, varios cursos extras, velocidad con el teclado... y mi amiga no tiene títulos, ni idiomas, y no digo que ella no estuviese capacitada para el puesto, simplemente nos vieron y la que nos entrevistó directamente me dejó de lado para explicarle a ella la oferta, y concluyó diciendo que para mí no tenían nada porque se requería buena presencia. ¿Buena presencia? A ver, estoy gorda, pero voy limpia y bien vestida, me arreglo y me saco partido... ¿entonces? Que estoy gorda y parece que con eso asusto a la gente. En fin, que como ahí me ha pasado en muchos sitios, por teléfono me ofertan una cosa y cuando llego me voy con un posible trabajo de teleoperadora, que claro... ahí no me ve nadie.»[10]

DISCRIMINACIÓN SANITARIA

Aún recuerdo la última vez que fui al centro de salud a consulta (por una lesión que me hice en mi rodilla haciendo senderismo) y mi doctora de cabecera me dijo con tono irónico y burlón: "vamos a tener que dejar de comer hamburguesas". Yo no como hamburguesas, pero eso da igual. He perdido la cuenta la cantidad de personas veganas que me han contado relatos por el estilo: "Deja las hamburguesas y la bollería industrial" les dice el médico sin venir a cuento... pues va a ser que eso no es lo que como, pero te da igual, ¿verdad? Que no sabes ni qué como, ni cuándo, ni en qué cantidades, ni de qué calidad, ni en qué tiempos... pero vamos, que te da igual. Porque ha atravesado esa puerta una persona gorda y aunque venga por una gripe o porque se golpeó el dedo del pie con la mesita de noche, la recomendación oficial o el comentario de extranjis será ADELGAZA (casos verídicos). La cuestión es: ¿está el servicio sanitario realmente –en estos casos- preocupado por nuestra salud? ¿Es necesario tal acoso?

10. Relato anónimo, 5 de julio del 2015.

A mí se me ocurren dos cosas que decir al respecto:

1) **Las gordas no somos idiotas. Sabemos que somos gordas.** Gracias a la maravilla de la tecnología tenemos espejos en casa y también básculas algunas, y otro producto espléndido llamado cámara de fotos. Tenemos además estos problemitas usuales de no tener donde comprar ropa (por gordas) y gente que te mira raro si vas por la calle comiéndote un dulce o un helado (por gordas). Hay un mundo entero que nos escupe la verdad cotidianamente (¡gorda!). Así que no... No es necesario que cada vez que voy a pedir cura para una gripe el médico me vuelva a decir lo que me dice el mundo entero, y mucho menos con ese tonito burlón que caracteriza a muchos de estos comentarios. Cuando quiera consultar sobre dietas de adelgazamiento acudiré a usted, señor doctor.

2) El peligro de estas prácticas de acoso de los médicos hacia las personas gordas, es que **muchas de nosotras nos negamos a volver al médico** salvo que ya no podamos más del dolor y esto supone un riesgo para nuestras vidas (por no ser pilladas a tiempo determinadas enfermedades, por ejemplo). Y esto es así: muchas gordas **tenemos pánico** de ir al médico, porque sabemos que aunque vayamos por un pelo enconado nos recordarán que somos gordas que tenemos que adelgazar (aunque el peso no tenga nada que ver con nuestra consulta, aunque no sepan el por qué del sobrepeso, y aunque quizás estemos sanísimas). Y esta presión, sumada a la social, a la familiar, a todas las presiones, nos ahoga, nos deprime, nos asfixia. Y en ocasiones nos quita hasta las ganas de vivir, porque realmente lo que hacen con nosotras es enviarnos un mensaje sumamente cruel: que este cuerpo que tenemos no merece ser vivido. ¿Saben lo duro que puede ser eso? Lo repito: TU CUERPO NO MERECE SER VIVIDO. Este es el mensaje que nos dan, esto es lo que nos enseñan cada vez que una gorda se mata a hambre, por un tiempo, soñando con adelgazar y la gente le anima a seguir dejando de comer (¿le dirían a una persona delgada que deje de alimentarse?[11]). TU CUERPO NO MERECE SER VIVIDO ¿Se imaginan decirle eso a una persona que utiliza silla de ruedas para moverse o una mujer que ha sido quemada con ácido en su piel?: "Tu cuerpo no merece ser vivido. Cámbialo o desaparece de mi vista". Porque eso es lo que nos dicen a nosotras. Claro que este ataque hacia nosotras viene a raíz del mito de que las gordas podemos cambiar fácilmente. Pero bueno, de ese mito hablaremos más adelante.

Relataré dos de los casos que más recuerdo y los que más marcada me han dejado. Ambos contados en alguna de las charlas que di por el Estado español en el 2015.

---

11. Siempre he pensado que las gordas debemos sentir por nuestros cuerpos algo muy parecido a lo que sienten las chicas que padecen trastornos de conducta alimenticia y odian sus cuerpos. La diferencia radica en que a estas últimas se les invita a quererse en nombre de la salud, mientras que a las gordas se nos invita a seguir odiándonos también en nombre de la salud.

Uno es el de una chica gorda que se asfixiaba con facilidad y por eso va al médico. Él le receta adelgazar y hacer ejercicio. La chica cumple: hace dieta y sale a correr. Pero cada vez se asfixiaba más, así que vuelve a ir al médico. Esta vez el susodicho la examina con detalle y le manda a hacer pruebas. El diagnóstico final: asma. Y la chica saliendo a correr. Olé. El otro caso es el de una chica que tiene cáncer y, aunque era más o menos delgada, ha engordado haciendo la quimioterapia. Tiene cita con la ginecóloga y esta no para de hacer alusiones a su peso, que "debería ponerse a hacer dieta y adelgazar, que bajar de peso es más importante que curarse del cáncer", le dice. De nuevo: Olé. Este tipo de circunstancias son las que nos llevan a decir que encontramos gordofobia en las consultas médicas, una gordofobia que nubla en muchos casos el examen de las doctoras y que en otros casos nos lleva a las gordas a no ir a consulta por miedo al acoso.

Todo esto me recuerda al siguiente fragmento que encontré hace un tiempo por internet escrito en inglés (de forma anónima) y traduje para un artículo...colgaría un cartelito con este texto en cada consulta médica de occidente:

> «La aceptación de los gordos no significa abogar por la gordura. La aceptación de los gordos habla de rechazar una cultura que nos lleva a sentir rabia y a fustigar nuestros cuerpos, incluso a odiarlos, buscando el camino certero. Se trata de poner nuestras propias fronteras y conocernos, y tomar decisiones inteligentes sobre cómo vivir y tratarnos a nosotros mismos, y defender con fiereza la privacidad de esas decisiones. Se trata de divulgar la idea de que cualquier cosa que hagas con tu cuerpo debe venir desde el amor propio y el cuidado de sí mismo, y no desde la culpabilidad, los (pre)juicios de los demás, o del castigo. Se trata de demandar que todos los cuerpos, sin importar su apariencia, edad o capacidad, sean tratados con respeto y dignidad.»

BULLYING ESCOLAR, ACOSO CALLEJERO, HUMILLACIÓN PÚBLICA.

Hace poco tuve un problema de salud que me obligó a abandonar el trabajo de administración en las redes sociales de S.G. En nuestra página de Facebook colgué un pequeño texto despidiéndome de las personitas que por allí estaban, explicando que estaba enferma y me iba por un tiempo. Al final de muchos comentarios de amor me encontré con uno que ponía: "ojalá te mueras". No es la primera vez que ocurre algo así. Tanto las administradoras como las usuarias de S.G. hemos recibido deseos de muerte y amenazas de palizas vía internet. También han deseado públicamente que nuestra gordura nos produzca enfermedades que acaben con nosotras antes de que nos reproduzcamos y así no "ensuciemos" más esta "raza pura" humana con nuestras "imperfecciones físicas". Este tipo de comentarios de odio se pueden encontrar fácilmente en cualquier publicación sobre gordofobia, tanto en las notas periodísticas sobre el tema (como por ejemplo en los artículos que se han hecho en diversos medios sobre S.G.) así como en los posts de las páginas antigordofóbicas. Diariamente en S.G. tenemos que borrar comentarios humillantes, insultantes y hasta amenazantes; diariamente tenemos que bloquear gente. Esto lo contaba para introducir un poco la idea de qué hablamos cuando hablamos de acoso y bullying a las personas gordas. Algo que, encima, se recrudece cuando nos defendemos o hablamos desde el orgullo. Igualmente estos hechos sólo hacen referencia al acoso en las redes, cuando lo cierto es que el acoso va mucho más allá de las redes.

Imagen 6. Pegatina vista en un taxi de México, compartida en Stop Gordofobia

Muchas personas gordas hemos sufrido acoso escolar desde pequeñitas hasta la adolescencia y más allá. Muchas lo seguimos sufriendo de grandes: más de una gorda podrá contar que le han gritado en alguna ocasión "¡¡¡GORDAA!!!" en la calle (intentando insultarla[12]) acompañado de alguna preciosidad como "asquerosa", "puta", "de mierda" y/u otros complementos. Recuerdo ahora un día que iba caminando por la calle y me disponía a pasar por encima de una de estas rejillas de la calle que dan como a una alcantarilla o sótano de algún local, y un señor mayor me gritó "¡Cuidado gorda! ¡No pases por ahí que lo rompes!". Una vez un compa de la página nos contó que, cruzando la calle por un paso de peatones (o cebra), un tipo le gritó desde el coche "¡Puto gordo! ¡Muévete!". Otras compañeras de la página han contado relatos similares en la calle y en el transporte público. Incluso en México existen unas pegatinas bastante conocidas y difundidas entre los taxistas, quienes las pegan en sus coches y viene a decir que en su taxi no se trasladan gordas [Ver imagen 6]. Estas cosas son una cotidianidad para la gente gorda, lo mismo que para muchas mujeres los piropos y el acoso callejero. Sin embargo, es importante recalcar que de todos los tipos de acoso que sufre la gente gorda puede que el bullying gordofóbico escolar es de las experiencias más duras por varias cosas: porque ocurre a unas edades en las que no solemos te-

12. Digo "intentando" porque para nosotras "gorda" no es insulto, es lo que somos, y punto.

ner las suficientes herramientas para empoderarnos y defendernos; porque muchas veces las personas adultas de nuestro entorno hacen de cuenta que no ven nada y te sientes tú aún más sola y vulnerable; y por último, y sobre todas las cosas... porque ocurre en etapas de la vida que te marcan para siempre.

Aquí un fragmento de un caso que nos contó una compañera de la página:

> Yo fui una niña siempre gordita y sufrí el dichoso bullying por todas partes y por muchas razones. También he vivido la bulimia y encima la gente no se creía que vomitaba porque me veía gorda... Me tocó salir del armario también y eso también tuvo sus repercusiones. He tenido que vivir que me insulte gente conocida, desconocida, que me humillen, que me peguen, que me quemen, que me tiren botellas de cristal a ver quién da a la gorda... Y mil cosas más que si empezara no acabaría.[13]

RECHAZO AFECTIVO-SEXUAL

Un tuit que leí hace poco rezaba lo siguiente: "Qué bueno que no soy gorda, porque tendría que ser buena onda, y amo ser mala". Tan simple y escondiendo tanto potencial el dichoso tuit. Porque es la pura verdad: el rechazo nos obligó a ser las simpáticas del grupo, porque si eras la gorda y encima antipática, en simples palabras: la-has-ca-ga-o. Escribe Constanza Álvarez en el Manifiesto Gordx: "Éramos la gordita buena onda, la que nadie sacaba a bailar, la avergonzada, la que se cubría...". Le faltó agregar –creo yo-: "a la que todos y todas querían como amiga, y sólo como amiga".

Mi primera relación de pareja empezó tras un primer rechazo por mi físico. Luego se superó esta etapa y duró tres años. Pero empezó así. Yo tenía por entonces 17 años, pero ya a los 12 años me había tocado oír a un amigo decirme que si yo adelgazaba me pediría que fuera su novia porque era una chica genial y divertida. Estos rechazos se han ido repitiendo periódicamente a lo largo de mis casi treinta años. Amigos que me reconocen que a pesar de divertirse conmigo, de pasar ratos maravillosos, tener buena química y buenas conversaciones, el hecho de no estar "oficialmente buena" les tira pa'tras. Con esto no digo que mis amigos (todos) estén obligados a enamorarse de mí. No, para nada. Digo que ellos mismos han reconocido (unos cuantos, más de los que me gustaría) que me hubieran visto con otros ojos si fuera delgada. Al momento de escribir este capítulo la historia sigue más o menos igual (mi entorno no difiere de la realidad gordofóbica de la sociedad en general a pesar de ser un entorno politizado o militante): entre las parejas sexuales o amorosas de mi gente cercana *nanai* de gordos, *nanai* de gordas.

13. Relato anónimo, 10 de diciembre del 2013.

Hace un tiempo un chico nos escribió a Stop Gordofobia: "últimamente todo el mundo se está declarando antigordofóbico, pero los gordos seguimos sin follar". Ser gorda y estar rodeada de gente que no folla ni ama a gordas es como ser negra y estar rodeada de gente que no folla ni ama a negras. No sé si me explico, pero es realmente duro y frustrante. No es que quiera centrarme en esta cuestión sexual o de parejas, pero convengamos que constituyen las formas más íntimas de relacionarse en nuestras sociedades y esto da pauta de la gordofobia reinante, porque además de machacarnos la autoestima nos lleva a preguntarnos, ¿será su rechazo a la gente gorda en la cama o como pareja extensible a otros ámbitos de la vida? ¿será extensible a mí incluso como compañera?

Hay gente que me ha llegado a sugerir que quizás escojo mal a mis amigas o a mi entorno político. Pero no creo que sea esta la cuestión. Creo que hay mucho más detrás de este tipo de comportamiento y que, tristemente, es una generalidad el hecho de que las gordas no contemos (para mucha gente) como cuerpo deseable. Y estas situaciones, aparte de dolorosas, no son pura casualidad.

Los gustos no son innatos. Existe toda una maquinaria ideológica sobre los cuerpos que controla los deseos enseñándonos –o más bien adoctrinándonos- sobre cuáles son los cuerpos deseables/bellos y los indeseables/feos, es decir, cuáles deben gustarnos y cuáles no. Y es muy muy muy difícil escaparse de estas ideas ampliamente difundidas y arraigadas, predominantes en el imaginario colectivo que todas compartimos. Honestamente, a veces ni siquiera las propias gordas somos capaces de mirarnos al espejo y no experimentar esa repulsión que nos han enseñado a sentir por nuestros cuerpos gordos y los de aquellas que son como nosotras. Y es muy difícil luchar contra esto. Es la tele, son las revistas, los periódicos (de noticias y deportivos), la publicidad, las películas, las series, los libros, etc. etc. etc. hora tras hora, minuto tras minuto, indicando cuál es el cuerpo deseable (por ti y por las demás), cuál es el cuerpo que debes tener y no tienes, y por el cual estás condenada a trabajar y sacrificarte hasta el fin de tus días. Salir de esta rosca de no sentirnos deseables, eróticas, sexys, bellas constituye una dura y agotadora lucha diaria en la que –como se evidencia en mi caso- no cuentas ni siquiera con apoyos cercanos. La gordofobia se practica a plena luz del día y sin reparos debido, entre otras cosas, a la más absoluta impunidad y aceptación de esta discriminación.

A la página han llegado muchas personas (creyendo que Stop Gordofobia es una página que promueve exclusivamente la aceptación amorosa o erótica de la gente gorda) a decirnos que "gustos son gustos" y que "hagamos lo que hagamos las gordas no podemos obligar a la gente a gustarles o a follarnos". Primero, dejar claro que nuestra página tiene como fin la denuncia de la gordofobia con el sencillo fin de que nos dejen en paz y cese la discriminación en todos los espacios de nuestras vidas (y el afectivo-sexual es uno de tantos). Sin embargo, sí reconozco mayor dificultad aquí, en este ámbito, por lo que he expresado hasta ahora: el deseo opera en lo más íntimo de nuestras mentes, de manera irracional, abduciendo nuestros cerebros con el bombardeo mediático, social, cultural de las normas estéticas (principalmente la de la delgadez). ¿Es difícil? Sí. ¿Es imposible? No. Me entretengo viendo cómo las modas van cambiando año a año: de tacón fino a tacón grueso, de pantalones campana a pitillo, de tiro alto a tiro bajo, de camisas con estampados floreados a estrellitas o sandías o confeccionadas con telas lisas. Los gustos son construidos y cambian. Pero llegadas a este punto se me viene a la mente un amigo de esos que no folla con gordas, quien un día hablando de estos temas me pregunta: "Pero Magda, si no me gustan las gordas, y aunque el gusto sea construido, ¿por qué tengo que esforzarme para cambiar y que empiecen a gustarme?". Sencillo, amigo: porque la norma estética te impide disfrutar múltiples formas de placer y bellezas corporales y mentales; porque impide la aceptación de la diversidad; porque es una cuestión de respeto; y por último, por el mismo motivo por el que me esfuerzo en no ser islamófoba, racista o transfóbica: porque discriminar a la gente está MAL. Porque con nuestros actos discriminadores alimentamos la gran maquinaria del dolor y la exclusión, y tenemos que dejar de participar en esto.

Para ir finalizando, añadir una cosa: soy consciente de que hay personas a las que les atrae la gente gorda. Tengo vagos conocimientos de que hay porno gordo y de que en ocasiones en determinados ambientes somos consideradas fetiche, y que van proliferando las gordas que trabajan en webcams sexuales debido a la demanda (sobre esto tengo la cuenta pendiente de investigar más, y me pregunto ya si no sólo tenemos que salir del armario las gordas, sino también la gente a la que les gustamos -debate aparte). Obviamente también hay gente gorda enamorada, en pareja, casada, etc. Pero las excepciones no hacen la regla, ni a nivel colectivo ni a nivel individual. A nivel colectivo, porque me atrevería a decir que entre la mayoría de nosotras reina la soledad. A nivel individual, porque algunas experiencias sexuales o afectivas no anulan el dolor perpetrado contra nosotras a lo largo de toda nuestra vida amorosa, ni borran la especial vulnerabilidad adquirida, latente en nuestras relaciones: gordas que son invitadas a adelgazar por sus parejas; gordas a las que les dicen "te quiero a-pesar-de"; gordas que oyen el "de cara me encantas" (que significa automáticamente que el resto de tu cuerpo es una mierda); gordas a las que su amante le dice con una dulzura insultante "amor, con unos kilitos de menos serías perfecta"; gordas a las que el miedo a la soledad nos lleva a soportar lo insoportable porque en el fondo puede persistir el pensamiento de que nadie nos va a querer nunca, que esta oportunidad entre manos puede ser la última y no podemos dejarla escapar aunque no sea perfecta, aunque incluso experimentemos violencia. Este tipo de situaciones son provocadas -en mayor o menor medida- por la gordofobia, y sólo vencidas a través del empoderamiento, que proporciona la fuerza necesaria para enfrentarlas, salir de ellas y/o evitarlas.

Para el caso, un ejemplo de una compañera que hace unos años nos contó su experiencia en la página:

> Soy una mujer joven. En mi adolescencia, mi entonces novio y yo decidimos irnos a vivir juntos. Yo tengo tendencia al sobrepeso por una enfermedad metabólica; pero hacía mucho ejercicio por lo que el peso nunca significó un problema para mí; y al vivir con él con los dos trabajos, la escuela y la casa no tuve más remedio que dejar de practicar natación. Con esto engordé cerca de 10kg. Mi novio me decía cosas como "aunque hayas engordado te quiero", "aún así me gustas mucho", "para mí eres muy guapa"... Yo lo veía como algo normal, y no entendía por qué sus "aún así" me lastimaban tanto. La cosa, que logré entender tiempo después de que esa relación se terminó, es que los "aún así" son otra forma de insulto. Es como decirnos "eres horrible, hay un gran problema contigo pero yo así te quiero" o "a nadie le vas a gustar estando gorda, pero para mí eres bella". Y ¡NO!. Yo soy guapa. No debemos aceptar este tipo de comentarios. Es como pisotear nuestra autoestima de una forma muy amable.[14]

CONCLUSIONES SOBRE LOS ESPACIOS DE LA GORDOFOBIA Y SUS MECANISMOS DE ACTUACIÓN.

Una mirada, un comentario, y hasta un suspiro pueden estar cargados de gordofobia dependiendo del contexto. La opresión está en todas partes. La gordofobia impregna todos nuestros pensamientos y comportamientos constituyendo de esta forma una amplia limitación en las vidas de las personas gordas. Muchas de nosotras tenemos miedo de ir al médico, de comer en público, de mostrar el ombligo, de usar minifalda, de ir a la playa y tener que mostrarnos en bañador, de salir a caminar o andar en bicicleta... todo por culpa del rechazo social que notamos y experimentamos hacia nuestros cuerpos. Muchas otras estamos excluidas del mundo laboral, del afectivo-sexual, del académico... Pero esta dinámica excluyente no es cosa de otra gente ajena a los movimientos sociales y políticos:

14. Relato de Dalia, 6 de diciembre del 2013.

en nuestros espacios también ocurre[15]. Según el INE alrededor de un 17% de la población de este Estado tiene obesidad y un 37% sobrepeso[16], así que yo me pregunto: ¿dónde están las gordas? Porque en nuestros espacios políticos no. Y, al igual que el hecho de que mis compañeras flacas liguen más que yo, esto no es casualidad.

Por otro lado, la mirada ajena o exterior (por parte de la sociedad gordofóbica) que define la propia percepción que la gente gorda tenemos de nosotras mismas tiene como consecuencia que las gordas nos pensemos como seres incorrectos, inacabados, corregibles, cambiantes, siempre en la búsqueda de un sitio "mejor" que habitar que no sea este cuerpo condenado al rechazo y la exclusión. Me da la sensación de que vivimos en una continua mudanza, rodeadas de cajas de palabras hirientes y maletas con consejos, dietas y ejercicios bien planchados, dispuestas a tomar el tren de huida de este territorio que no nos permite encajar. Porque no somos nosotras. Es nuestro cuerpo el culpable, el que no se adapta. Eso nos han dicho. Y por eso aprendimos a despreciarlo y a que, cada día y cada noche, nuestro primer y último pensamiento sean cómo huir de él. La persona gorda es alguien ajena y extranjera de sí misma porque no se identifica con su cuerpo, porque la han obligado a distanciarse de él y rechazarlo. Hasta nos han enseñado a odiar y convertir en insulto la categoría que nos define: gorda, gordo. En nuestra mente flotan las palabras que nos han sido grabadas a fuego: "Esto que soy no soy. Yo soy otra cosa: soy la continua posibilidad de la delgadez". La sociedad gordofóbica nos ha condenado al exilio. Y en cada huida se llena nuestro hábitat de cajas cada vez más pesadas por el cúmulo de comentarios, desprecios y fracasos que van haciendo de nuestros cuerpos -valga la ironía- algo cada vez más pequeño, asfixiante e inhabitable, aunque por fuera seamos gigantes: encarnamos la hipervisibilidad invisible. El imperio de la delgadez coloniza nuestra mirada y nos condena a observarnos con el mismo odio que él nos mira, y a pasarnos la vida pensando en cómo cambiar esto que somos y no somos a la vez. Creo que esta fragmentación es una de las peores consecuencias de la gordofobia. Y romper con este exilio, quizás, una de las grandes metas del activismo gordo.

15. Por poner un ejemplo: en una charla una compañera comentó que personas de un colectivo comunista le habían dicho que no se puede ser gorda y comunista y le prohibieron la entrada de forma sutil.

16. Encuesta Nacional de Salud, 2011-2012 www.ine.es

Cuerpo

Hoy me desperté harta de la infamia
De las cintas métricas
Del gris y de la tristeza

Y me pinté de preciosos colores,
te pinté de preciosos colores.

Hoy me levanté hermosa
Porque te abracé
Y abracé lo que soy
Porque elegí no vestir más muerte
Para vestirte de amor
Para vestirme de amor.

Lejos de cobardías y desprecios
De la roña ajena puesta sobre mí y sobre ti
De la pesadez de su mirada sobre vos
Sobre mí.

Me limpié su mugre
Te quité su mugre
y me puse alegre.

Hoy me sentí capaz

Y como siempre me obligaron a odiarte,
Hoy me obligué a amarme.
Y como siempre me obligaron a morir,
Hoy te obligué a vivir por sobre todas las cosas.

A renacer de las cenizas
No como ave fénix
Sino como gorda que despierta
Por fin
Del letargo.

Hoy tu suavidad,
redondez y esponjosidad
Me robaron una sonrisa
Mientras me aferraba a tu firmeza.
Y prometí que nunca más
Derramaría una lágrima en tu nombre
(cuerpo gordo)
Ni en mi nombre
(Magda)
Que es lo mismo
(gorda)

Prometí,
Aunque soy consciente
De que mañana al despertarme empezará
una nueva
vieja
guerra.

Y volveré a pelear contigo, querido amigo.

Desde ya:
Perdóname.

Magda

[Autoría: GUERRILLA FEMINISM PANAMÁ]

3. LA GORDOFOBIA COMO SISTEMA DE OPRESIÓN

La gordofobia existe. No estamos locas.

Hay formas de distribución de la vulnerabilidad, formas diferenciales de reparto que hacen que algunas poblaciones estén más expuestas que otras a una violencia arbitraria.

Judith Butler

UNA APROXIMACIÓN AL CONCEPTO DE *OPRESIÓN*

Basándonos en la filósofa Iris Marion Young[1] definiremos la opresión como aquella situación de desventaja, injusticia, reducción o exclusión que sufren determinados grupos de personas por las prácticas cotidianas de la sociedad. Estamos hablando de impedimentos, barreras y limitaciones sistemáticas a causa de normas, hábitos y símbolos sociales que no son cuestionados por la sociedad (sino cumplidos automáticamente por educación, presión o costumbre), como tampoco son cuestionados (en muchas ocasiones) los motivos que originan dichos comportamientos ni las consecuencias que ellos tienen.

La opresión se alimenta a través de los estereotipos sociales y culturales, los medios de comunicación, los mecanismos del mercado, etc. Es decir, las opresiones *son sistemáticamente reproducidas en las más importantes instituciones económicas, políticas y culturales de nuestras sociedades,* por eso decimos que son sistémicas y estructurales. Hablamos por ejemplo

1. YOUNG Iris Marion, Justicia y Política de la Diferencia.

del sistema económico capitalista, de homofobia, de racismo, exclusión de personas mayores, etc.

No siempre los grupos oprimidos tienen correlativamente un grupo opresor, pero sí le corresponde a cada grupo oprimido un grupo privilegiado, es decir, un grupo que se beneficia de la opresión del primero, aunque sea –incluso- de forma involuntaria e/o inconsciente. Por ejemplo, en el caso del racismo y sus agresiones físicas podemos decir que hay un opresor directo y consciente. Sin embargo, no podemos decir lo mismo quizás cuando hablamos de diversidad funcional, cuando las personas *deshabilitadas*[2] sufren una opresión y sin embargo las *habilitadas* tenemos un privilegio sin quererlo o sin ser totalmente conscientes de ello.

LA OPRESIÓN *GORDOFÓBICA*

En simples palabras, llamamos **gordofobia** a la discriminación a la que nos vemos sometidas las personas gordas por el hecho de serlo. Hablamos de humillación, invisibilización, maltrato, inferiorización, ridiculización, patologización, marginación, exclusión y hasta de ejercicio de violencia física ejercidas contra un grupo de personas por tener una determinada característica física: la gordura.

Son muchas las personas que nos han argumentado que "no es para tanto" este asunto de ser señalada por ser gorda, pues también son señaladas las personas que tienen otras cualidades consideradas popularmente "defectos físicos" o "fealdades" como pueden ser los aparatos dentales, la caspa, las gafas, los granos, etc. Es más, ¡todas las personas tenemos complejos! Tiempo nos costó encontrar el contraargumento a esta cuestión. Porque, ¿qué diferencia los complejos que tiene una persona gorda de los que tiene alguien que no es todo lo alto que quisiera u odia su pelo rizado? ¿Qué diferencia las burlas sobre las personas gordas de las burlas que recaen sobre una persona con granos o calvicie? ¿Acaso no todas las burlas sobre nuestros cuerpos producen dolor y merecen nuestro rechazo? ¿No es cierto que todas las personas deberíamos tener derecho a vivir una vida sin complejos?

---

2. Me he tomado la libertad de traducir el concepto de *disable* al español, para no utilizar "discapacitadas". El concepto anglo *disable* (deshabilitado/a) entiende que las personas tenemos funcionalidad diversa y no es que unas estén discapacitadas y otras capacitadas, sino que habemos unas habilitadas para andar por el mundo con libertad, mientras que otras se topan con numerosas limitaciones. No es que ellas no se adapten al mundo, es el mundo el que no se adapta a ellas.

Pues claro que sí. Pero esa no era la cuestión. Yo sentía que aún siendo miope (y usuaria habitual de gafas), poseedora de una piel poco tersa, de una teta mucho más grande que la otra, y recientemente diagnosticada con vitíligo en la cara, había algo distintivo en el hecho de ser gorda. Ser gorda era diferente de todas mis otras características físicas. Mi cuerpo gordo me hace sentirme encerrada en una jaula de cristal de la que no puedo escaparme nunca, me siento permanentemente observada, señalada y cuestionada a través de los cristales de mi peculiar cárcel. Una cárcel en la que además no me encuentro sola sino acompañada por cada una de las personas que comparten una misma y notable cualidad física conmigo (la gordura). Desde este lugar nuestros cuerpos son hipervisibles, pero nuestras vidas, nuestras voces y nuestros sentimientos son completamente invisibles.

¿Por qué estamos aquí? Me preguntaba yo.

Con el tiempo comprendí que la diferencia entre la gordura y el resto de las características físicas citadas residía en el hecho de que no existe un sistema ideológico que produzca, reproduzca, garantice, difunda y refuerce CONSTANTEMENTE la discriminación, el odio y el rechazo de todo el colectivo de personas calvas, miopes, de pelo rizado, altas o con granos, y sin embargo sí existe tal sistema ideológico con estas funciones de cara a la gente gorda, un sistema ideológico que activa y hace funcionar la citada cárcel de cristal. La señalización de aquellas primeras peculiaridades físicas es individual, o a lo sumo circunstancial, pero no ocurre todo el tiempo, todos los días, con todas las personas, ni en todos los sitios, como sí ocurre –por el contrario- con la gordura[3]. Es innegable que los complejos son igualmente dolorosos a nivel individual. No me meto en eso y jamás diría lo contrario. Pero es más difícil luchar contra el dolor interior o salir del complejo cuando la experiencia exterior al completo sigue reforzando –todo el *fucking time*- la causa misma o la raíz de tu dolor. Dicho de otra manera: no se puede salir del pozo a nivel individual cuando la colectividad te sigue empujando hacia adentro, en conjunto y con todas sus fuerzas.

Por ello podemos añadir algo más: la diferencia entre tener un complejo (que todas los tenemos) y ser una persona gorda es que en el primer caso la única persona preocupada por tu "físico" eres tú, mientras que en el caso de la persona gorda es una sociedad ente-

---

3. Me parece importante recalcar que en este caso estoy hablando de personas en la etapa de la vida adulta. No me considero con postestad ni conocimientos para hacer análisis de los casos de bullying escolar. Si bien el bullying gordofóbico está a la orden del día, la gordura no es el único motivo de bullying escolar. Este asunto requeriría de un análisis propio e independiente a los márgenes de esta publicación.

ra la que lo tiene en el punto de mira, la que lo tiene en perpetua observación, señalización, crítica y discriminación. Lo mismo ocurre cuando eres mujer o tienes un cuerpo racializado (negro, latino, etc.). En estos casos, el grueso de la sociedad comparte un concepto sobre ti y sobre tu cuerpo, una forma común de pensar respecto a él, que hace recaer todas las consecuencias de ese pensamiento sobre ti, imponiéndote límites las 24 horas del día, todos los días y en todos los espacios de la vida (cultura, política, medios de comunicación, relaciones afectivas, trabajo, etc.), convirtiendo así tu vida como mínimo en un brasero, llegando en ocasiones a verdadero infierno Esto significa que, al igual que el racismo o el machismo, la discriminación de las personas gordas es algo estructural en nuestras sociedades, es decir, la gordofobia opera como **un sistema de opresión** para todo el colectivo de personas gordas, con mayor o menor grado pero sin excepciones.

Por lo que respecta al "grupo privilegiado" que se beneficia de nuestra opresión, Elisa Fabello en *Let's talk about thin privilege*[4] explica que las personas delgadas son las que se benefician de la opresión gordofóbica y viven en situación de privilegio gracias a ésta. La lista de privilegios puede ser larga, así que mejor dejamos que hable por sí solo el comienzo del artículo de Fabello:

> "Mido 1,60m y peso 56 kilos. Mis medidas son 90-60-90. Me pongo camisas de talla M, llevo una 38 de pantalones vaqueros, y *(en caso de que se lo pregunte)*, tamaño 39 de zapatos. Nunca he entrado en una tienda de ropa en la que no haya encontrado artículos en mi tamaño. Nunca tuve que pagar más por un asiento de avión. Nunca nadie me ha rechazado como posible *cita* en función de mi cuerpo, ni nunca nadie se burló abiertamente de mí mientras me comía unas papas fritas en público. Nunca he experimentado que un médico me recete *"¡pierda peso para sentirse bien!"* como solución a mis problemas o enfermedades. Y puedo abrir un artículo con mis medidas sin temor a ser enjuiciada. **Yo camino por este mundo como una persona delgada.** Y, como tal, **nunca he experimentado discriminación por ser gorda, nunca he experimentado la gordofobia."**

Fabello deja claro en este fragmento la omnipresencia y restricción de las opresiones, citando cuestiones tan cotidianas como comer, viajar, comprarse ropa, ir al médico o hablar de su cuerpo y de sí misma. Y es que –según la autora- una de las características más importantes de la opresión es que nunca podemos huir de ella, porque vayas donde vayas, todo lo que ves y todas las personas que conoces, la reiteran y la refuerzan.

---

4. http://everydayfeminism.com/2013/10/lets-talk-about-thin-privilege/

UN PRIMER MATIZ DE GÉNERO: "¡PERO A TODAS LAS MUJERES NOS EXIGEN DELGADEZ Y BELLEZA!"

En todos los talleres y charlas que he dado desde que empezamos nuestro activismo gordo con S.G., al menos una mujer ha levantado la mano para realizar la siguiente pregunta, o más bien la siguiente crítica constructiva: "¿por qué centrarse en las gordas si a todas las mujeres nos exigen delgadez y belleza? ¿acaso las delgadas no sufrimos también la tiranía de la belleza?" Y la verdad… tenían razón. Estoy totalmente de acuerdo con que a todas las mujeres nos exigen delgadez y belleza, y sobre todas las cosas, nunca somos lo suficientemente delgadas ni lo suficientemente bellas para esta sociedad patriarcal que se ceba en exigencias para con nosotras y nos inculca deseos insaciables de perfeccionamiento. Sin embargo, en S.G. con el tiempo llegamos a encontrar respuestas a estas preguntas y a explicar por qué teníamos esa necesidad de visibilizar a las gordas en especial: todas las mujeres estamos oprimidas por el género (con su cuota de exigencias estéticas), y muchas podrían decirme que todas también lo estamos por la gordofobia (a un nivel interno por el deseo constante de ser cada vez más delgadas), pero no sobre todas recae **el peso social del peso**, valga la chistosa redundancia (¡ja!). Las gordas sufrimos en nuestros cuerpos el peso completo de la gordofobia. Cuando una chica delgada dice "quiero adelgazar" es probable que en su entorno encuentre más de una voz discordante. Las gordas no encontraremos ninguna. Cuando una chica delgada pasa mucho tiempo sin comer o se está matando a hambre, es probable que encuentre a alguien que le recuerde que debe comer o se preocupe por ella. A las gordas nos incitan a adelgazar y pasar hambre para ver si así adelgazamos. Así que, al igual que no es lo mismo ser mujer negra que mujer blanca, mujer nativa que extranjera, mujer pobre que rica, heterosexual que lesbiana, cisgénero que transgénero, etc., tampoco es lo mismo ser gorda que flaca. Esto no implica que las mujeres no estemos todas oprimidas por el género y la belleza que éste exige (¡faltaba más!), pero la opresión gordofóbica como vimos hasta ahora es independiente y se suma a la de género. Es decir, que una cosa es estar oprimida por el género, otra cosa es estar oprimida por la gordofobia, y otra cosa es estar oprimida por las dos. Y lo cierto es que las mujeres que estamos oprimidas por la gordofobia tenemos una necesidad imperiosa de denunciarlo, visibilizarlo y cuestionarlo. Sin embargo puede que sea necesario el siguiente matiz: como bien siempre recalca el compa Carlos Savoie, no queremos jugar a ver quién gana el certamen de "Miss Oprimida". La verdad, no creo que haya jerarquías entre las opresiones. Ser oprimida siempre es una mierda, venga de donde venga la opresión. Pero las gordas, para rebelarnos y luchar contra la opresión corporal que padecemos, primero teníamos que nombrarla.

GOR-DO-FO-BIA. Existe. Nuestra panza lo ha gritado. Y no estamos locas.

3.1. ¿CUÁLES SON LAS RAÍCES DE LA *GORDOFOBIA*?

Con las gordas pasa un poco como con las musulmanas, se percibe en el ambiente unas ciertas ganas de colonizar, con las opiniones de "adelgaza" o "libérate".

Marta Delatte.

En el estudio «El discurso popular de obesidad. Análisis de contenido de una discusión virtual»[5] fue analizado el contenido del foro de una noticia que estaba relacionada con el Día del Orgullo Gordo. La investigación consistía en la observación y análisis de los comentarios sobre la gordura y la obesidad[6] volcados por los usuarios en el portal de la noticia. Dichos comentarios manifestaron una clara gordofobia o aversión hacia la gordura. Los usuarios expusieron su creencia de que las personas gordas suponemos un perjuicio para la sociedad por ser opulentas, antiecológicas y un gasto público innecesario. También afirmaron que la obesidad es una enfermedad, que las personas gordas hemos caído en la desidia, que no somos normales, que necesitamos ser reeducadas a través de las instituciones estatales y merecemos ser discriminadas por "abandonarnos", llegando incluso a plantearse en algunos comentarios que la actitud discriminatoria podría ser un posible aliciente de cambio (es decir, "te discrimino para que adelgaces"). Para referirse a las personas gordas usaron, a lo largo de sus discursos, los siguientes calificativos: "descontroladas", "fuera de sí", "glotonas", "perezosas", "sedentarias", "egoístas", "acaparadoras", "raras", "feas", "asquerosas", "repulsivas" e "ineptas"[7].

Como podemos ver, toda una serie de prejuicios recaen comúnmente sobre las gordas relacionados con nuestra clase social, salud, belleza y los rasgos adjudicados a nuestra personalidad. Existe un lenguaje común, popular y bas-

5. FERNÁNDEZ-RAMÍREZ, ESQUIROL, BALERIOLA y RUBIO, "El discurso popular sobre la obesidad. Análisis de contenido de una discusión virtual", A*posta Revista de Ciencias Sociales*, Nº52, Ene.-Mar. 2012.

6. En el citado estudio se hace referencia constantemente a personas obesas y no *gordas*. Sin embargo, yo escojo la palabra gordas, en la medida en la que, según mi criterio, llamarles obesas podría ser considerado un acto gordofóbico pues supone –hasta cierto punto- apoyar la patologización de la gordura y hacer uso de un eufemismo. Además, no podemos olvidar que los/las activistas de la gordura preferimos generalizadamente autodenominarnos gordas y gordos, pues como dice Laura Contrera nos "apropiamos del insulto para salir del lugar de la herida".

7. FERNÁNDEZ-RAMÍREZ, ESQUIROL, BALERIOLA y RUBIO (Universidad de Almería), *Op.cit.*

tante extendido en torno al cuerpo gordo que nos excluye del campo de lo que la filósofa Iris Marion Young llamó "respetabilidad". El grupo de las personas "respetables" poseen autoridad y poder, mientras que la ausencia de respetabilidad convierte al grupo desposeído en víctima de opresión, según la autora. Y las personas gordas pertenecemos al segundo grupo. Según Young, esta falta de respetabilidad tiene como consecuencia directa una "carencia de poder", es decir, incapacidad de tomar decisiones sobre tu vida, tu entorno o contexto, o de dar tu opinión y ser escuchada. Para entender mejor el concepto recurriré a un ejemplo muy simple. En la mayoría de los anuncios publicitarios relacionados con la salud podemos observar a actores y actrices vestidos con bata blanca como los médicos, o la clásica coletilla de anuncio de pasta dental "los mejores dentistas lo recomiendan". La bata, la profesionalidad médica o dentista, poseen respetabilidad y con ello autoridad, de ahí que sea utilizada para intentar convencernos de que ese es el mejor producto a consumir. Seguido de la bata seguramente esté el traje y la corbata como segundo atuendo con más "respetabilidad" en nuestra sociedad, pues no es lo mismo presentarse en un trabajo de traje y corbata que con un sencillo suéter o unas chanclas (y sino pensemos –más allá de posturas políticas- en el revuelo internacional generado por el aspecto de los políticos Evo Morales y Pepe Mujica). El caso es que la "respetabilidad" proporciona poder, del mismo modo que el grupo que carece de ella queda silenciado por el que la posee. Tu voz no tiene ningún poder ni ninguna autoridad en la sociedad, mientras que sí la tiene la del grupo que se beneficia de tu opresión, que opina sobre ti y decide por ti; en nuestro caso la gente delgada que piensa –como vimos- que somos sedentarias, repulsivas y glotonas o la comunidad científica que se pelea por declarar (o no) a la obesidad oficialmente como una enfermedad y declararnos a todas las gordas una panda de enfermas sobre las que hay que intervenir de urgencia, antes de que hagan más grande el agujero de la capa de ozono o acaben con las reservas de crudo mundial. Sepan disculpar la ironía, pero es que los argumentos sobre los imperativos de la "intervención estatal" para cambiar a la gente gorda parecen tratarnos de niñas y no de gente adulta, de personas incapaces, sin agencia, sin voz, sin autoridad… ni siquiera para tomar decisiones sobre nuestra propia vida. Cada vez que leo "combatir la obesidad", "acabar con la obesidad", "luchar contra la obesidad", siento que en el fondo lo que quieren es acabar conmigo y con todas las que son como yo. Borrarnos de la faz de la tierra. Y parece que lo harían con gusto en nombre una supuesta salud mundial, ondeando una bandera rosada con el lema "Vida Light" en ella.

La realidad es que el cuerpo gordo queda expuesto a todos los comentarios que sobre él son volcados, tanto morales, como salubristas, económicos y hasta ecologistas, pues parece ser que toda persona que entra dentro del canon de la delgadez posee autoridad suficiente para opinar sobre nosotras las gordas sin que nada de lo que nosotras podamos decir en nuestra defensa resulte eficaz, en tanto en cuanto el discurso dominante (que es el del grupo opresor) nos ha desposeído -por gordas- de voz. La falta de autoridad llega a tal punto, que es normal encontrar personas (gente politizada o activistas sociales inclusive[8]) que se burlan de la lucha antigordofóbica señalando como ridículos los planteamientos del activismo gordo, haciendo oídos sordos a las denuncias de discriminación y a nuestro reclamo de ser incluidas en las agendas de la lucha social.

3.2 EL ORIGEN DE LA FALTA DE AUTORIDAD: EL *TRIPARTITO GORDOFÓBICO*.

La falta de autoridad está desencadenada directamente por la masa corporal: un simple vistazo al tamaño del cuerpo activa en la mente del observador todos los preconceptos sobre el cuerpo gordo observado. Estos preconceptos hablan de (des)control, de enfermedad y de culpa como conceptos a priori de conocimiento, es decir, unos conceptos (prejuicios) con los que se observa la realidad, los cuales no son producto de una indagación o investigación de la misma. Pero, tal como afirma la activista antigordofóbica Marilyn Wann, «la única cosa que alguien puede diagnosticar con algo de certeza al mirar una persona gorda es su propio nivel de estereotipos y prejuicio en contra de la gente gorda»[9].

El discurso médico propone un modelo interno de cuerpo **"sano"**, mientras que el discurso estético nos ofrece el modelo externo **"delgado"**, el cual supuestamente se corresponde con el primero, o es un reflejo de él. Cuestión absolutamente ficticia, por cierto, pues la delgadez no es garantía de salud ni la gordura de enfermedad[10]. Sin embargo, más allá de que el cuerpo gordo pueda estar sano o enfermo (habrá que analizar dicho cuerpo para constatarlo), ¿qué es lo que justifica la discriminación a la gente gorda? ¿estar supuestamente enfermas? Me atrevería a decir que este comportamiento no se emprende contra ningún otro tipo de colectivo "enfermo" (por

8. Este vacilón de "¡Uy! ¡Las gordas quieren hacer política! ¡Mejor que se pongan a hacer dieta! JA-JA" recuerda mucho a aquellos discursos que denigraban los comienzos de la lucha feminista, ridiculizando a las mujeres y sus intenciones de hacer política.

9. WANN Marilyn: "Fat Studies. An invitation to revolution", Esther y Solovay, Sondra (ed.): *The Fat Studies Reader.* New York University Press, New York 2009. Citada por Laura Contrera en "Cuerpos sin patrones, una revuelta contra la policía de la norma corporal", Revista *Hysteria,* Nº9, Octubre 2014 [hysteria.mx consultada el 04/08/2015].

10. De esto hablaremos más adelante.

llamarlo de algún modo), como pueden ser las personas con cáncer o las víctimas de trastornos de conducta alimenticia (consideradas incluso estas últimas, correctamente, víctimas del sistema). ¿Es una cuestión estética, entonces? Como veíamos anteriormente la humillación pública y la discriminación estructural a la que están sometidas las gordas, no la padece ningún otro colectivo social considerado, comúnmente, como "fuera de la norma estética" (por poner ejemplos, no hay una discriminación estructural de personas con vitíligo, calvicie, soriasis, narigonas, peludas, o cualquier otra cualidad física considerada "defecto" popularmente). Lo que está detrás de la gordofobia, en realidad, y se suma al discurso médico-estético para formar el que llamaremos **"tripartito gordofóbico",** es una cuestión moral: **la culpabilidad**.

Desmontemos, entonces, el tripartito gordofóbico.

DESMONTANDO LA ESTÉTICA GORDOFÓBICA

La incidencia de los avances tecnológicos en el mundo de la imagen, marca un antes y un después en lo que a la propagación de imágenes de cánones estéticos se refiere. Las nuevas tecnologías de comunicación permiten que los modelos a seguir, o las imágenes de referencia, lleguen hoy en día a muchas más personas y en más cantidad.

Los fenómenos de comunicación de masas reflejan los valores del sistema económico y sociocultural actual, y son, a la vez, una forma de sustentar su funcionamiento. Uno de los estandartes de los medios de masas es **la publicidad.**

La publicidad empezó su época de auge y se convirtió en la columna vertebral del sistema económico capitalista a mediados del siglo XX, cuando éste se vio en la necesidad de utilizar a aquélla para vender toda la gama de nuevos productos que había ido generando en la época de expansión y crecimiento sin igual que vivió después de la II Guerra Mundial. En esta etapa la opción más beneficiosa para el capitalismo fue desarrollar todo tipo de nuevas técnicas de difusión y sugestión para la compra de las ingentes cantidades de productos que tenía en el mercado. Así es que la publicidad se convirtió en un punto clave para la supervivencia económica, al ser ésta capaz de fomentar el consumo incesante(mente).

El sistema económico, entonces, pasó de ser un sistema productivo industrial (un sistema que gira en torno a la producción y satisfacción de necesidades básicas) a ser **una economía de consumo que gira en torno a la creación constante de nuevas necesidades**. Esto implica un cambio en el sentido del producto y la forma de venta: lo importante no es su utilidad o calidad, sino lo que el producto genera en tu vida; es una cuestión de estilo y sensaciones[11]. Los anuncios publicitarios dejaron de informar sobre las cualidades de los productos o su utilidad como objetos, y empezaron a embarcarse en la creación de nuevas necesidades a satisfacer; como dice Baudrillard, *el sistema de necesidades es producto del sistema de producción*.

En este sentido, eexplica Miquel de Moragas en Semiótica y comunicación de masas, que el sistema cuenta con un mecanismo insustituible para su actual funcionamiento que es el **mecanismo creador de deseos.** Según algunos medios, los seres humanos recibimos alrededor de 3000 anuncios publicitarios diarios, de los cuales procesamos de forma consciente unos 100. Debido a la cantidad de mensajes por esta vía que recibimos al día, podemos decir que la publicidad configura gran parte de lo que somos. Los medios de comunicación generan un individuo con unas determinadas necesidades y deseos. Existe todo un aparato cultural detrás que define (de forma sutil y a través de los medios) los gustos, valores, deseos y anhelos de los individuos: nos dice qué sentir, qué soñar, cómo vivir y también qué y quiénes nos deben gustar. Pero todo esto a su vez es producto de la sociedad. Es decir, este aparato cultural es a la vez producto y productor de ideas y valores, porque las produce pero también se nutre o retroalimenta de los mismos valores de nuestras sociedades machistas, racistas, capitalistas, etc. en lo que parece un círculo sin fin. Por ejemplo, en una sociedad machista las mujeres son objetivadas, entonces en la publicidad encontramos mujeres-objeto, que sigue a su vez alimentando las ideas que conducen a la objetivación de las mujeres perpetuándola.

Como vimos, la información que nos hacen llegar los anuncios publicitarios ya no va tanto hacia la función real de un producto, sino a las sensaciones o beneficios sociales que él podrá aportarte. Los anuncios de desodorantes no hablan de transpiración, los de ropa no hablan de protegerte del frío, los anuncios de comida no hablan de saciarte el hambre, los de coches no hablan de transportarte sino más bien de cómo debes lucir tu cuerpo, qué ropa lleva aquella actriz, qué hamburguesa te proporcionará un almuerzo de aventura o qué coche compran las familias felices. En definitiva, los anuncios hablan en realidad de cómo serías tú y qué reconocimientos obtendrías si poseyeras los productos que te están vendiendo: serías una persona feliz y exitosa. Porque en realidad no lo eres. O al menos ellos te convencerán de eso. Y es que, llegadas a este punto es importante tener claro lo siguiente: si la intención de la publicidad no es otra que –a través de la producción de deseos- generar nuevas necesidades que la población busque satisfacer, su misión enton-

11. KLEIN Naomi, No logo, Paidós: Barcelona, 2001

Imagen 7. Ilustración de Asiria Álvarez *(Fuente: Stop Gordofobia)*

ces consiste en **crear carencias** en las personas. Así lo explica Raúl Eguizábal, cuando describe a la publicidad de la segunda mitad del siglo XX:

> (...) los anuncios comenzaron a hablar menos de las mercancías y más de las personas, no tanto de las propiedades de un producto como de lo que el consumidor necesitaba, de sus deseos, fabricando en él una conciencia de sus insuficiencias y de sus anhelos. Era el salto desde la publicidad del objeto a la publicidad del sujeto; el protagonista ya no era el producto, eras "tú". No se trataba de lo que el objeto podría aportarte, sino de lo que tú carecías, aún sin saberlo. A Partir de ese momento, la publicidad se encargaría de despertar la conciencia de tus carencias (...) Una vez creada esa conciencia, la solución se presenta fácil (...)[12]

Obviamente, la solución a la que se refiere el autor es **consumir**. La función de la publicidad, en definitiva, es destrozar la autoestima de los sujetos para vendérselas luego por pedacitos. O como resumió correctamente una compañera: *nos dicen feas para vendernos mierda* [Ver imagen 7]. Dentro de esas "fealdades" una es la gordura (a mi modo de ver, la más importante y recalcada), pues la publicidad no sólo está protagonizada por gente delgada y/o atlética, sino que además las apariciones de gente gorda (la mayoría de las veces caracterizada por la ridiculización) están relacionadas con la modificación de su cuerpo, con el adelgazamiento y el perfeccionamiento corporal. Es decir, los mensajes enviados nos hablan por un lado del canon de la delgadez y por otro de la exclusión de la gordura, de mientras que intentan vendernos los productos de la industria de la dieta que nos prometen el acceso al universo del canon, de la delgadez normativa. Una industria que, por cierto, mueve millones y millones de euros entre productos light, fármacos adelgazantes, gimnasios, clínicas estéticas, intervenciones quirúrgicas, etc. Resumiendo, tanto nuestros complejos como el odio por nosotras mismas y nuestros cuerpos alimentan sus fortunas. O como dice una frase de Stendhal que anda rulando por las redes: "llamamos bello a aquello que es elogiado por el periódico y que produce mucho dinero".

12. EGUIZÁBAL Raúl, Industrias de la conciencia. Una historia social de la publicidad en España, Ed.Península: Barcelona 2009.

DESMONTANDO EL CONCEPTO DE "SALUD" GORDOFÓBICO.

Las razones de la gordura (al igual que las de la delgadez) son complejas, plurales, numerosas. Pero la razón por la que la gente gorda sufre es una sola, y se llama gordofobia. Muchas pensarán igual que yo que no es tanto nuestro cuerpo como la discriminación lo que supone una carga negativa en nuestras vidas.

Oficialmente, se dice que la insistencia de la medicina en que las gordas bajemos de peso está relacionada con el hecho de que ésta constituye un factor de riesgo para la salud, y a su vez son muchas las personas que se justifican en este hecho para ejercer su discriminación.

Los "factores de riesgo" hacen referencia a circunstancias que implican una exposición de riesgo para la salud, que incrementan las posibilidades de sufrir algún tipo de enfermedad o lesión física y/o psíquica. Considero que la discriminación hacia la gente gorda -muy al contrario de lo que el discurso popular profesa- no supone un "aliciente de cambio" para las gordas sino un factor de riesgo, en tanto que supone un perjuicio para el cuidado de sí. Impide el desarrollo de una vida plena, imponiendo limitaciones en el espacio público, privado, en las relaciones personales (aislamiento), en los estados emocionales (ansiedad y depresión), en la vida laboral, escolar y académica, incluso en la vida deportiva[13]. La gordofobia atenta directamente contra el bienestar mental de las personas gordas: es imposible estar saludable si se sufre discriminación constantemente y en todos los ámbitos de la vida, es imposible llevar una vida sana si vives en permanente odio hacia ti misma y tu cuerpo.

Este desgarrador relato ilustra un poco todo lo que se viene exponiendo hasta ahora:

> «Tengo depresión, y llevo una vida sedentaria. El principal motivo de mi aumento de peso fue una depresión más fuerte de lo normal que me tuvo en cama durante seis meses. Cuando le dije [al psicólogo] que mi cuerpo estaba convirtiéndose en una cárcel, me dijo que me apuntara al polideportivo. Os aseguro que esto no se cambia perdiendo peso. Y me refiero a la lucha que hay en tu cabeza. (...) Cuando tu IMC no entra en el estándar todo el mundo se preocupa por tu salud. La mental no, por supuesto. Os aseguro que mi salud mental no se va a curar haciendo workout o dieta o lo que sea hasta recuperar mi peso anterior. No es malo estar gorda. De verdad que no. Mi salud física esta resentida

---

13. El imperio de la delgadez, fomentan estereotipos también en el deporte, y la visión de éste no como un fin en sí mismo, sino como una herramienta para conseguir el cuerpo adaptado a la norma estética. Mucha gente gorda, por baja autoestima o por miedo a las burlas, se niegan a arriesgarse a hacer deporte y ser "la gorda en bicicleta" o "la gorda del equipo de baloncesto".

por mis problemas mentales y otros que no tienen nada que ver con mi peso. Ni siquiera tengo el maldito colesterol alto. Mi salud mental volverá cuando sepa quererme (y me dejen). Hasta entonces, si no es para preocuparos por la lucha constante que hay dentro de mi cabeza, dejad de preocuparos por "mi salud". Dejadme en paz.»[14]

Por todo ello, cuando la gente dice que se "preocupa" por nuestra salud y por eso nos invita a adelgazar, a nosotras nos da risa a veces, a veces una rabia infinita. Por un lado, porque si realmente estuvieran preocupados por nuestra salud, agradeceríamos que se preocuparan por nuestra salud mental (la cual es destrozada por sus comentarios) y por otro, porque no existe ni una sola persona que pregunte si te has hecho una revisión ginecológica últimamente o si tienes caries, o si te han afectado de alguna forma los recortes en salud pública limitándote el acceso a algunos medicamentos por su precio... que también son cuestiones de salud, ¿no?

Vayamos al grano y miremos los siguientes aspectos fundamentales de este asunto:

- **La delgadez no es garantía de salud.** Amigas delgadas: ustedes también se van a morir. Ja-Ja. Bromas aparte, la delgadez no garantiza la salud: las personas delgadas (al igual que las gordas) pueden sufrir de diabetes, colesterol alto, infartos, etc. Es más, me atrevería a decir que el mundo de la medicina está tan obsesionado con la delgadez como sinónimo de salud que es muy probable que se estén viendo en situaciones de vulnerabilidad por esto. La delgadez está tan bien vista y la gente está tan convencida de que es un buen síntoma vital, que existen personas que han bajado estrepitosamente de peso por una depresión del carajo y sus conocidas les dicen "¡Uy! ¡Cuánto has adelgazado! ¡Qué bien! ¡Estás fenomenal!" mientras ellas están destrozadas por dentro.

- **La gordura no es garantía de enfermedad:** A las gordas comúnmente nos llaman "enfermas". Si bien en Estados Unidos la obesidad ha sido declarada como enfermedad, la Organización Mundial de la Salud aún no lo ha hecho. Según la OMS la obesidad no es una enfermedad sino un factor de riesgo. Un factor de riesgo es una circunstancia que aumenta la posibilidad de contraer una determinada enfermedad o lesión. Ejemplos de factores de riesgo: la edad, la exposición a rayos solares, la obesidad, la insuficiencia ponderal, la exposición a humos procedentes de los combustibles, el tabaco, el alcohol, la deficiencia de hierro o el consumo de agua no potable, la

14. ELECTRA HEART, Post de Facebook, *Stop Gordofobia,* 14/03/2015 [consultado el 17/07/2015].

práctica de sexo sin protección o a edades avanzadas, el sedentarismo, tirarse en paracaídas... La lista puede ser larga, porque convengamos que en este mundo es más fácil morirse que seguir viva. Sobre la asunción de los factores de riesgo en la vida de una persona interfiere directamente la interpretación de ese riesgo, el valor que le demos. Lo que quiero decir es que los factores de riesgo no son algo objetivo y que las personas asumimos en nuestras vidas unos riesgos u otros dependiendo de las circunstancias, de lo que obtengamos a cambio, etc. Por ejemplo, hay personas que aman los deportes de riesgo y exponen sus vidas cada dos por tres, así como gente que vive en las ciudades expuestas diariamente a la inhalación de humos contaminantes. Hay gente que fuma o que bebe alcohol aunque suponga un riesgo para su salud y a pesar de ello pasa por la vida sin ser insultada o increpada en la calle cuando va fumándose un cigarro o se sienta en una terraza a tomarse una cerveza (cosa que sí ocurre a la gente gorda). La subjetividad de la valoración de los factores de riesgo implica que el hecho de que nos hablen de salud a las gordas sea más una cuestión de hipocresía y gordofobia, que una preocupación real por nuestra salud. A mí me han llegado a escribir, como administradora de Stop Gordofobia, barbaridades del tipo "Gorda puta asquerosa, adelgaza, no es estética es una cuestión de salud" y me he reído mucho al leer la hermosa contradicción de estas palabras que me insultan e intentan dar muestras de preocupación por mi salud a la vez (como si yo le importara algo a este sujeto). En octubre del 2014 fue publicada una noticia (que, aunque luego fue confirmada su falsedad sirve para el punto al que quiero llegar) que relataba la historia de un grupo de 200 belgas mayores de 65 años que habían convocado una orgía con un final fatídico: cinco muertas por infartos y dos por edemas pulmonares. Como decía anteriormente, mantener relaciones sexuales a una edad avanzada constituye un factor de riesgo para la vida. Sin embargo los comentarios de esta noticia (falsa) eran alentadores: todo el mundo quería morir de esa forma o le parecía una forma digna de morir. Se me ocurre que la gente pensó más en el placer que en el factor de riesgo o la muerte. Lo que quiero decir con todo esto es que pocos factores de riesgo (quizás ninguno) tienen el estigma que tiene la gordura; diría más bien que muchas personas se han subido al caballo del "factor de riesgo" para desatar libremente su gordofobia y refrendarla con una supuesta base científica. Y digo "supuesta" porque todo este asunto no está tan cerrado como parece. Según varios estudios citados por la socióloga Deborah Lupton en *Fat Politics: Collected Writings* no existe evidencia estadística de que ser gordo/a implique necesariamente un gran riesgo para la salud o una enfermedad segura (no depende tanto del peso como de los hábitos alimenticios, actividad física, etc., que no tienen por qué repercutir en una pérdida de peso), además de que –y esto es mucho más importante- no sólo no se ha demostrado que una pérdida de peso mejore el estado de salud de las personas gordas, sino que al contrario, sí se ha demostrado que una pérdida de peso pueda ser negativa para la salud, si implica dietas estrictas y entrar en el círculo de subir y bajar peso con la ayuda de malos hábitos alimenticios. Porque además estadísticamente y a largo plazo las dietas no funcionan[15].

- **La gordura como síntoma de enfermedad.** El índice de masa corporal (IMC) es un indicador simple de la relación entre el peso y la talla, el cual es utilizado frecuentemente para identificar el sobrepeso y la obesidad en los adultos. Se calcula dividiendo el peso de una persona en kilos por el cuadrado de su talla en metros, quedando la fórmula de esta forma: kg/m[16]. Este cálculo que suele ser utilizado por los médicos para medir la masa corporal (y dependiendo del caso catalogarnos como personas obesas) y que ha sido utilizado generalizadamente para catalogarnos a las personas gordas de enfermas, **solamente mide la masa corporal**. No mide, por el contrario, el origen de esa masa corporal que puede ser diverso. Entre otras causas encontramos cuestiones genéticas, algunas enfermedades o tratamientos médicos, el lipoedema, desajustes hormonales, algunos tipos de quimioterapia, los corticoides, algunas medicaciones recetadas para depresión y la ansiedad, etc.. Quizás el asunto más interesante lo encontremos en los casos en los que la gordura no está relacionada tanto con la cantidad de la comida sino con la calidad de la misma: muchas personas gordas están, en realidad, desnutridas y cada vez son más las investigaciones que apuntan a que ésta se encuentra relacionada con la pobreza y la falta de recursos para acceder a una alimentación saludable[17].

- **El cuidado desde el amor.** Más allá de que en determinados casos la gordura pudiera ser causa de enfermedades. Más allá de que pudiéramos considerarla factor de riesgo. Más allá de que existan casos en que la gordura suponga una limitación para las personas. Más allá de todo, las gordas merecemos vivir una vida sin discriminaciones y ser felices. La discriminación no ayuda bajo ninguna circunstancia a nadie. Canta, la autora gorda Mary Lambert: «Sé quien

---

15.HARDING K. Y KIRBY M., *La belleza no tiene talla y salud tampoco: ¡Deja de hacer dieta!*, Barcelona: Ediciones B, 2010.

16. [Organización Mundial de la Salud www.who.int].

17. VIVAS Esther, *Un mundo de obesos y famélicos*, 2013 [Fuente: www.esthervivas.com – consultado el 31/08/2015].

soy porque me dije quién soy. Mi cuerpo es mi hogar»[18]. Romper la dinámica del odio es la meta de la aceptación corporal. Frente al hundimiento de la autoestima, amor propio; frente a la falta de reconocimiento y humillación, orgullo. ¿Cómo lograr el cuidado de los cuerpos desde el rechazo de los mismos? ¿Qué tipo de decisiones sobre nuestro cuerpo pueden ser tomadas desde el odio y el desprecio? Los movimientos de *fat acceptance* ("aceptación de la gordura", también llamados "aceptación corporal") abogan por un cuidado que no se mida en números o tallas sino que impulse una aceptación incondicional de una misma para luego buscar un cuidado desde el conocimiento y el amor por nosotras. Health At Every Size y otras organizaciones antigordofóbicas estadounidenses (donde este activismo tiene más de cuatro décadas) han demostrado que el amor funciona mejor que el odio. Bueno, en realidad el odio no funciona. La vergüenza por nosotras nos lleva a encerrarnos, a no relacionarnos, a no hacer deporte, comer con ansiedad, castigarnos, deprimirnos, etc., metidas en una espiral de odio sinfín, mientras que la confianza y la autoestima pueden encaminarnos justamente en la dirección contraria. Es importante, de todas formas, aclarar que esto no lo puede lograr nadie si el contexto no es favorable, por lo que también deberíamos hablar de garantizar recursos para alimentos, romper con la exclusión laboral de las personas gordas, que paren la exclusión y las agresiones en la calle, la ridiculización en los medios, etc.

Aclarar por último la siguiente cuestión: el hecho de que la gordura tenga múltiples orígenes nos proporciona la información de que no tenemos suficiente información sobre la salud de nadie con el simple hecho de echarle un vistazo a su cuerpo, así que la excusa de "la salud" se cae. Sin embargo, esto no significa que debamos abogar por hacer una división entre gordas sanas y enfermas, unas merecedoras de discriminación y otras no. Repito: el problema es la gordofobia. Ésta constituye un serio factor de riesgo para la salud.

Igualmente habrá quienes piensen "Vale, hay muchos motivos para la gordura… ¿pero las glotonas?". Y ahí ya nos metemos en el terreno moral de la prohibición de los placeres.

DESMONTANDO LA MORAL GORDOFÓBICA

En nuestras sociedades, silencioso y generalizado, existe el pensamiento de que las gordas somos responsables de nuestra situación, bien porque no hemos hecho bien el cálculo de calorías ingeridas/calorías gastadas, porque hemos elegido nosotras mismas tener el cuerpo que tenemos, o salir voluntariamente de la norma estética-corporal y desobedecer los mandatos de la medicina practicando hábitos que la comunidad médica considera oficial-

18. Traducción propia de la canción "I know girls (body love)" de Mary Lambert.

mente insalubres. La sociedad cree que las gordas hemos cometido un delito y que nuestro cuerpo nos delata. La gordura constituye, para la sociedad, una desobediencia imperdonable:

> «En estas sociedades nuestras en que se rinde culto abierto a la juventud y a la salud, sus contrarias, la enfermedad y la vejez, propenden a experimentarse no sólo como una adversidad, sino como un fracaso moral: hoy se espera de toda persona responsable que no se abandone a la usura del tiempo, que luche denodadamente por conservarse joven y sana, so pena de ser objeto de menosprecio e irrisión por parte de los demás. Ni los movimientos antitabaco ni las campañas de adelgazamiento son fríos pronunciamientos en defensa de la salud del prójimo, sino cruzadas por una nueva fe (...)» [19]

Estamos frente a un neoascetismo que –según el sociólogo José Castillo Castillo- busca el rearme moral de unas sociedades secularizadas donde las religiones han perdido fuerza; un rearme moral que busca nuevamente conquistar la carne, vencer el deseo, controlar los apetitos y meternos en el gimnasio. La invitación a hacer dieta es una invitación al disciplinamiento y al (auto)control frente a la aberración del placer; una invitación a profesar una (vieja)nueva religión: la de la negación del cuerpo. En una línea similar, expone Laura Contrera:

> «Quien no sigue felizmente el paso acompasado del cuidado de sí es vago, perezoso y pernicioso para el resto de la sociedad. Quien se descuida se pierde en su propia falta de voluntad: es un mal patrón de sí mismo y, a la vez, un mal producto.»[20]

En la Edad Media era la Iglesia quien separaba alma y cuerpo, e invitaba a que la primera tuviera absoluto control sobre el primero. Durante la Ilustración tomó el protagonismo la razón. Hoy la ciencia. Pero todas con el mismo fin: la negación del cuerpo, de sus apetitos, de sus placeres. Y las gordas hemos desobedecido. En la culpabilidad y el castigo por **desobedecer la norma** encontramos el centro neurálgico de la cuestión gordofóbica. Aparejada a ella vienen los comentarios y creencias de "es tu culpa" o "fue tu decisión", y así entran en juego conceptos como "responsabilidad de los actos" o "libertad". Unas ideas profundamente arraigadas en nuestras sociedades las cuales las ciencias sociales llevan mucho tiempo intentando desmontar. La gordofobia apela a la culpa, a la responsabilidad, la fuerza de voluntad y a la libertad, pero las cosas no son tan simples como parecen. La investigación social dice que nuestras

---

19. CASTILLO CASTILLO José, "El cuerpo recreado: la construcción social de los atributos corporales", *Sociológica: Revista de pensamiento social,* Nº2, 1997: 27-44. Pág. 34.

20. CONTRERA Laura, "El cuidado de los cuerpos impropios: gordura, revueltas y dietas en las sociedades de control/seguridad", *Actas I Jornadas Internacionales Filosofías del cuerpo, Cuerpos de la Filosofía,* Universidad de Buenos Aires: Buenos Aires 2014: 58-63. Pág. 59.

decisiones están condicionadas por el contexto en el que vivimos y realmente los límites de la libertad o la voluntad pueden ser ampliamente discutidos.

En cualquier caso, Iris Marion Young señala como raíz de toda discriminación corporal, el rechazo o negación del cuerpo (que, por otra parte, también es el fundamento del neoascestismo del que nos hablaba José Castillo Castillo). Afirma la filósofa que la separación razón/cuerpo es la que nos lleva a despreciar el cuerpo, a despreciar los cuerpos considerados "desagradables" o "feos": «La lógica cultural jerarquiza los cuerpos según una mirada normativa, los ubica en una única escala estética que construye algunas clases de cuerpos feos, desagradables, degenerados». Así, el cambio social respecto a la percepción de estos cuerpos llega cuando los grupos marginados logran desarrollar formas de expresión cultural que redefinen la imagen que la sociedad tiene de ellos (como por ejemplo los movimientos de orgullo de grupo). Es decir, cuando logran cambiar lo que es conocido como "imaginario colectivo".

La aceptación de la gordura supone una subversión contra la violencia simbólica que se ejerce sobre el cuerpo gordo, en la medida en que las herramientas interpretativas utilizadas hasta ahora hablan de la gordura como algo a evitar, rechazar, eliminar, combatir o destruir, bajo justificaciones estéticas, morales y científicas. La gordofobia emerge, al igual que otras discriminaciones en nuestras sociedades, en la formulación de una norma y el establecimiento de la exclusión de la diferencia. Afirma Young:

> «La negación de la diferencia estructura la razón occidental, entendiendo que diferencia significa particularidad, heterogeneidad del cuerpo y afectividad, o pluralidad de relaciones lingüísticas y sociales sin un origen unitario indiferenciado. Tal negación contribuye a la opresión de los grupos sociales. [Es necesario] una política que reconozca la diferencia en vez de reprimirla.»

En este sentido, según la autora, la reivindicación de la diferencia impulsa la emancipación de los oprimidos.

MITOS DE LA GORDURA. Y UN POCO DE HUMOR.

Cuando hablamos de mitos hablamos de historias o narraciones ficticias que pretenden describir o explicar algún aspecto de las cualidades humanas o la realidad. A continuación expondré brevemente algunos de los mitos morales que nos hemos encontrado reiteradamente en las redes sociales de Stop Gordofobia. Asimismo agrego algunas de las respuestas que solemos dar (esto irá en *cursiva*).

- **Mito del descontrol y la falta de fuerza de voluntad:** las gordas son gente descontrolada, indisciplinada, a la que hay que poner firme. Se la pasan sentadas delante del sofá mirando tele y atiborrándose a hamburguesas y bollos.

Hay gordas que terminan carreras, gordas que practican la fidelidad y también hay gordas veganas, es decir, que controlamos en lo que nos da la gana, no generalices, please.

- **Mito de la opulencia y el egoísmo:** las gordas son gente egoísta; si una gorda tiene una pizza y hay alguien con hambre a su lado no le da ni un trozo. Y eso que todas las gordas son ricas. ¿No ves que el burgués y el rico siempre se simbolizan con un gordo? La opulencia es cosa de gente gorda.

Recientes estudios relacionan la gordura con las clases sociales bajas. ¿No será que últimamente es más símbolo de la opulencia Cristiano Ronaldo, Bill Gates o Paris Hilton que eligen lo que pueden comer, tienen entrenadores personales y una serie de oportunidades que el resto no tenemos?Al final va a ser la delgadez un privilegio de los ricos y vamos a tener que cambiar al gordinflón de los panfletos por la cara de algún futbolista o cantante pop.

- **Mito de la anormalidad y la innaturalidad:** eso de la gordura no es normal, no es el estado normal del cuerpo. Tampoco es natural, no es algo que te encuentres normalmente en la naturaleza ¿acaso viste alguna vez un león gordo? En la época primitiva tampoco había gente gorda, ¿ves? no es natural.

Lo que es natural es el ordenador desde el que me escriben estas barbaridades. También son naturales nuestros edificios, los coches y hasta nuestra comida. ¡Ésta es supernatural! Sobre todo estos tomates que no se pudren. Y propios del estado "normal" (¿?) del cuerpo son los tatuajes, las perforaciones, los tintes, cortarse el pelo ¡y sobre todo cortarse las uñas con un cortaúñas natural! PD: Hipopótamo y elefante. De nada.

- **Mito de la amenaza medioambiental:** Los gordos son responsables del agujero de la capa de ozono porque como son unos vagos que no caminan siempre van en transporte público o coche y como pesan más se gasta más combustible en transportarlos. Además, al comer más que los demás, hay que producir más comida para ellos.

Lo que es una amenaza medioambiental es el sistema capitalista que hiperexplota los recursos naturales, produce comida basura y encima en exceso para acabar tirando luego un gran porcentaje. Que unos tengan más que otros para comer y vivir es el efecto de este complejo sistema de mal repar-

tición del dinero y los recursos. Sobre que los gordos no caminan... eso no implica que usemos el coche mucho más que los flacos. A lo mejor los flacos salen de fiesta, pasean con sus amigos y tienen dinero para viajar, mientras que las gordas que somos pobres y no tenemos dinero para las vacaciones nos quedamos sentaditas debajo de la sombra de un árbol mirando flores y mariposítas o leyendo algún libro de poemas. Quietas. Muy quietas. Muy muy quietas ¿No decías que somos unas vagas?

A estos mitos morales podríamos agregarle algunos mitos más relacionados con la estética o la salud (inabarcables en este breve texto) hasta completar una larga lista de mitos en torno al cuerpo gordo que construyen y modulan los comportamientos de odio hacia él desde la ficción, la marca de la diferencia y la culpabilidad.

CONCLUSIONES EN TORNO AL TRIPARTITO GORDOFÓBICO

Creo que ante todo debemos tener claro que, en realidad, la gordura no aporta información sobre el estado de salud del cuerpo o los hábitos de la persona. Muy por el contrario a lo que expone el tripartito gordofóbico (estética-moral-salud), los cuerpos gordos (como todos los cuerpos) son complejos y diversos. Hay cuerpos gordos sanos y enfermos. Hay casos en los que la gordura no les afecta para nada, casos en que la gordura manifiesta ciertos riesgos, y ocasiones en que puede ser síntoma de enfermedades o consecuencia de intentar curarse (efectos secundarios de determinados tratamientos médicos). Hay gordos y gordas deportistas (hasta profesionales y olímpicos), otras más sedentarias. Hay gente gorda que se harta a comer hamburguesas de McDonald's, y también hay gente gorda vegana. Hay gente gorda por factores genéticos y hormonales, gente gorda por su contexto y clase social, o porque se ha entregado por completo al placer de la comida (como yo), o por mezcla de todos estos factores juntos.[21]

No hay un único motivo o causa para la gordura. Y es cuestionable, por lo tanto, que sea fruto de voluntariedad y deliberación personal. Afirma el sociólogo Castillo Castillo que nuestros cuerpos no son efecto de decisiones individuales aisladas sino que la sociedad humana (en un sentido amplio) es más obra de nuestras pasiones que de nuestra razón, y está configurada por una complejidad de actos humanos relacionados con sentimientos, emociones, ritos, valores creencias, y no tanto en el pensamiento racional (aunque lo parezca): «en toda explicación congruente de la conducta humana, incluso de la más individual, ha de ser tenida en

21. Quizás uno de las grandes cuestiones pendientes en la lucha antigordófóbica sea romper la necesidad constante de explicar y justificar la gordura, pues no deja de ser esto un uso más de las herramientas conceptuales del opresor.

Imagen 8. Graffitti

cuenta la ubicua influencia de la sociedad».[22] La gordura (como todo en nuestra sociedad) es fruto diversas relaciones económicas, culturales, políticas, personales, emocionales, etc. que se dan en el seno de nuestras sociedades, porque «el sujeto es un producto de procesos sociales, no su origen», afirma Young.[23]

Para terminar, y por lo que respecta al tripartito gordofóbico, la verdad es que las gordas estamos bastante hartas de esto, de tener que recalcar todo el tiempo que el tripartito tiránico gordofóbico no tiene sentido, que la belleza es una construcción sociocultural, que la gordura no es una enfermedad y que la moral gordofóbica nos importa tres pimientos. Tener que justificarse todo el tiempo es lo más cansino. Además, como dice el graffitti: **¡Mi cuerpo no quiere tu opinión!** Ni tu aprobación. Yo, personalmente, solo quiero que me dejes en paz.

22. CASTILLO CASTILLO José, *Op.cit.*, pág. 30.

23. YOUNG Iris Marion, *Op.cit.*, pág. 81.

Máscaras

Hubo un interés económico
detrás de la abolición de la esclavitud en EEUU.
Hubo un interés económico
en la conquista de América Latina.
Hubo un interés económico
en las guerras mundiales y en la creación de la ONU.
Hubo un interés económico
en las dictaduras militares de los países del Sur.

Hay un interés económico
detrás del genocidio de Gaza.
Hay un interés económico
detrás de la ocupación marroquí del Sáhara Occidental.

Hay interés económico detrás
de la difusión del odio a lxs inmigrantes.
Hay interés económico detrás
de la difusión del odio a lo islámico.

Y hay un interés económico
detrás de la difusión del odio por nuestros cuerpos.
La gordofobia sirve al capitalismo.

Amarte es revolucionario.

Magda

San Valentín

Que sea gordx y fex no te debe preocupar
pues siempre nos quedaran los codos
no derrocho sensualidad
pero siempre tendrás donde agarrar

El tamaño no es lo fundamental
conmigo siempre tendrás con quién jugar
jugando con este gordx que siempre toca
morbo y perversión dieta a probar

Pídeme lo que quieras
pero no me pidas adelgazar
no me digas que la gordura
no es atractiva y sensual

Lo que se lleva es lo fat
rompe con todo lo habitual
el fat fucking te encantará
y no tengo más que comentar.

Komando Tripontxi

STOP

4. ANTIGORDOFOBIA Y FEMINISMO

No está mal ser bellas.
Lo que está mal es la obligación de serlo.
Susan Sontag

Constantemente y en diversos ámbitos de sus vidas, las mujeres se ven oprimidas por el género, es decir, por el simple hecho de ser mujeres. La desigualdad de género abarca tanto lo económico, como lo político, social y cultural. Definir los ámbitos de desigualdad de género ha sido un trabajo de la teoría y los movimientos feministas desde sus inicios. Sin embargo, no es mi intención abarcar aquí este tema por completo, ni todos los debates que en torno a éste se han ido generando. Nos centraremos, pues, en relación al asunto que nos ocupa, en uno de los ámbitos de opresión de género que más recientemente ha sido teorizado o calificado como tal: la belleza.

Decía D'Alembert que a las mujeres se las trata «como a los jardines, imponiéndoles artificialmente formas que no están en la naturaleza». Ya por los albores del nacimiento del pensamiento feminista en la Ilustración, Mary Wollstonecraft reclamaba en su *Vindicación de los derechos de la mujer* una educación para las mujeres que no las convirtiera en "animales gentiles y domésticos" ni las mantuviera en una perpetua minoría de edad. La autora emprendía también contra la belleza, criticando el hecho de que a las mujeres sólo se les enseñara a agradar, a cuidar su aspecto, en lugar de educarlas en el ejercicio de la razón y la vida virtuosa. De hecho, la filósofa tenía la convicción de que

> «la conducta y los modales de las mujeres prueban con claridad que sus mentes no se encuentran en un estado saludable, porque al igual que las flores plantadas en una tierra demasiado rica, la fortaleza y provecho se sacrifican a la belleza» [1]

1. WOLLSTONECRAFT Mary, *Vindicación de los derechos de la mujer (1792)*, Madrid: Cátedra, 1996. Pág. 99.

Sin embargo, no fue hasta finales del siglo XX, con *El mito de la belleza* de Naomi Wolf, cuando fueron dilucidadas en extensión y profundidad las claves de este ámbito de opresión estético contra las mujeres.

Wolf no sólo estableció una relación directa entre la belleza y la opresión de género, sino que la resaltó como el ámbito opresor más importante de finales de siglo y el último rescoldo de un patriarcado que se resiste a morir. Según la autora, el "mito de la belleza" viene a sustituir la mística de la domesticidad una vez que el movimiento feminista había conquistado numerosas libertades y había logrado dinamitar el sesgo doméstico que mantenía recluidas a las mujeres al ámbito del hogar, al ámbito de lo privado: «[el mito de la belleza] es un recurso social que convierte el cuerpo de la mujer en la prisión que ha dejado de ser su hogar»[2].

La labor del mito no es otro que el del control social; la belleza es una cuestión política. La represión, el tabú y la esclavitud mutan de un modelo a otro para asegurarse su existencia:

> «Mediante la utilización de los nuevos conceptos sobre la belleza se reconstruyó un mundo femenino alternativo con sus propias leyes, actividades, religión, sexualidad y educación, siendo cada uno de estos elementos tan represivo o más que sus antecedentes del pasado (...) las ficciones se limitaron a transformarse una vez más: volvieron a imponer sobre las caras y los cuerpos de las mujeres liberadas todas las limitaciones, tabúes y castigos de las leyes represivas, de las prohibiciones religiosas y de la esclavitud reproductiva que habían dejado de tener suficiente fuerza. Un trabajo inagotable, aunque efímero, alrededor de la belleza reemplazó el también inagotable y efímero trabajo doméstico.»[3]

Después de los triunfos de la segunda ola feminista -en un mundo en el que las mujeres se estaban liberando, tomando el espacio público y saliendo al mercado laboral- era necesario buscar una nueva forma de amarre que mantuviera intacta la estructura de poder: «lo que hacía falta eran unos grilletes que fuesen un reemplazo total, una nueva carga material capaz de absorber el exceso de energía y disminuir su confianza en sí mismas»[4]. El resultado es que la gran inmensa mayoría de las mujeres están disconformes con su aspecto, deseando adelgazar (sea cual sea su peso), e invirtiendo tiempo en seguir el canon estético. Asegura la autora que el mito de la belleza nos destruye física y psicológicamente. No ser consideradas *bellas* dinamita la autoestima de las mujeres por completo:

---

2. WOLF Naomi, *El mito de la belleza*, Barcelona: Ed. Emecé, 1991. Pág.237.
3. Ibíd., pág. 20.
4. Ibíd., pág. 33.

> «Como la "belleza" vive tan profundamente en nuestra psiquis, ahí donde la sexualidad se combina con la autoestima, y puesto que se la define, muy útilmente, como algo que te otorgan desde el exterior, y que siempre te pueden quitar, decirle a una mujer que es fea puede hacer que se sienta fea, que actúe con fealdad, que sea en todos los sentidos fea, cuando sentirse bella es lo que mantiene su integridad.»[5]

La belleza es presentada como objetiva, universal e inmutable, y las mujeres son instadas incesantemente a alcanzarla, ya que el discurso dominante dictamina que sólo a través de ella es posible la felicidad, el reconocimiento y el éxito social. Ficciones opresivas y principios restrictivos en una sociedad machista que –sin que salten las alarmas[6] - se cobra miles de vidas al año a través de enfermedades como la bulimia y la anorexia, derivadas directamente de la obsesión impuesta a las mujeres de cumplir con el principio fundamental del canon estético actual: la delgadez.

LA DIETA COMO DISCIPLINAMIENTO DE GÉNERO

El mundo light encandila y enceguece.

La Tabaré Riverock

Los trastornos de conducta alimenticia, como por ejemplo la anorexia y la bulimia, son formas de enfermar específicamente femeninas: según la Federación Española de Asociaciones de Ayuda y Lucha contra la Anorexia y la Bulimia (FEACAB) entre un 90% y un 95% de las personas que

5. Ibíd., pág. 47.

6. Una prueba de que los trastornos de conducta alimenticia se expanden sin hacer saltar las alarmas de las instituciones públicas es que, a día de este escrito, no encontramos datos oficiales en el Instituto Nacional de Estadística sobre la población –y especificidades de la misma- que sufre estas enfermedades, mientras que entidades privadas como la Fundación Imagen y Autoestima y la Aseguradora Adeslas afirman –a través de censos propios- que un 6% de las mujeres españolas sufre anorexia o bulimia, que una de cada 10 adolescentes españolas sufre algún tipo de trastornos de conducta alimenticia, y que cada vez es más temprana la edad a la que empiezan a manifestarse este tipo de conductas. [www.f-ima.org/ y www.segurcaixaadeslas.es consultadas el 20/07/2015].

sufren estas enfermedades son mujeres[7].

Si bien abundan las teorías que pretenden explicar los Trastornos de Conducta Alimenticia (TCA) desde una perspectiva individual, Naomi Wolf mantiene que éstas emprenden el camino equivocado ya que los TCA son una cuestión política que debe ser analizada haciendo hincapié en un orden social concreto que ensalza la dieta y el hambre en las mujeres, y propicia el surgimiento y propagación de estas enfermedades. Este mundo –afirma la autora- nunca transmite a las jóvenes el mensaje de que serán aceptadas con cualquier tipo de cuerpo, ni que ellas tienen valor por sí mismas (con o sin belleza). Si no más bien al contrario.

Wolf relaciona los TCA con la violencia simbólica que se ejerce sobre las mujeres, poniéndolas en conflicto con sus corporalidades: «la dieta y la delgadez de moda enferman a las mujeres (...) ser anoréxica o bulímica es ser una presa política»[8]. El disciplinamiento a través de la dieta (la cual es definida por la autora como un purgatorio, como un campo de exterminio individual) convierte el cuerpo de las mujeres en una prisión para ellas mismas: la mayoría piensa que pesa demasiado; todas han hecho dieta alguna vez en su vida; y una más que probable mayoría puede estar realizando algún tipo de dieta ahora mismo.

La cultura de la delgadez imprime a las mujeres el imperativo de la dieta constante, sea cual sea su peso, sea cual sea la forma de su cuerpo. Entra en juego la consciencia o la idea fija de que su cuerpo no está bien tal como está, y que el éxito provendrá de bajar de peso, y no de ninguna otra faceta de la vida. El pensamiento de la dieta y del estar "demasiado gorda" las lleva a estar en lucha contra sí mismas de manera permanente, gastando su energía en modificar su cuerpo y no en otras actividades (muchas de las cuales podrían ser emancipatorias):

> «[La mujer hambrienta] ha sido políticamente castrada. No tiene la energía necesaria para enojarse ni para organizarse, para buscar el sexo, para gritar por un megáfono (...) Una fijación cultural por la delgadez femenina no es una obsesión por la belleza de las mujeres, sino una obsesión por su obediencia. Las dietas se han convertido en una "obsesión normativa" (...) La dieta es el más potente de los sedantes políticos de la historia de las mujeres.[9]»

---

7. [http://www.feacab.org/trastornos-del-comportamiento-alimentario/ consultada el 20/07/2015].

8. WOLF Naomi, *Op.cit.*, pág. 269.

9. WOLF Naomi, *Op.cit.*, págs. 241-242.

Las exigencias estéticas volcadas por la sociedad sobre los cuerpos de las mujeres, hacen referencia a un cuerpo que no pertenece a éstas, que parece no ser de su propiedad, y que como tal, queda expuesto a la aprobación ajena. El canon de la delgadez, el imperio de la dieta y el hambre, hablan de sumisión, culpa y obediencia; de disciplinamiento; de tiempo y energías invertidas en esclavitud y no en liberación.

Cita Naomi Wolf un estudio de la Universidad de Minessota sobre las dietas estrictas cuyos resultados establecen relaciones directas entre el seguimiento de las mismas y episodios de depresión, hipocondría, apatía, falta de concentración, histeria, furia y aislamiento social. También los investigadores Wooley y Wooley confirmaron que la preocupación por el peso conduce al colapso vital de la autoestima, mientras que Plivy y Herman expusieron que la restricción prolongada y periódica de las calorías da origen a una personalidad particular cuyos rasgos específicos son la pasividad, la ansiedad y la afectividad exagerada[10]. ¿Son estos los rasgos que la sociedad patriarcal desea para las mujeres? Según Wolf no es casualidad que éstas sean las consecuencias de la dieta y el hambre impuestas, pues su misión es derribar los logros alcanzados por la lucha feminista, tales como que las mujeres obtuvieran seguridad en sí mismas, se sintieran capaces, valientes y valiosas, tuvieran la autoestima alta, los pensamientos claros, grandes metas por alcanzar y ganas de comerse el mundo. En el fondo la dieta enseña a las mujeres a odiarse a sí mismas y acaba con esta revolución. Tal como lo expresa la autora: «la ideología de la inanición destruye al feminismo»[11].

LA IMAGEN DE LAS MUJERES EN LA PUBLICIDAD

El teórico de la comunicación Moragas señala que un hecho a tener en cuenta es que los mensajes que se repiten con más frecuencia en el lenguaje publicitario son los relacionados con la seguridad, la juventud, la imagen social y las *mujeres hermosas*.

Las imágenes difundidas en los anuncios publicitarios (que como producto cultural del sistema actual de creencias, son elaboradas en base al canon de la belleza y la delgadez) han tomado por completo el espacio en internet, televisión, paradas de guagua, medios de transporte, vallas publicitarias, camisas, tazas, revistas, periódicos, y un largo etc. buscando la venta de cosméticos, ropa, zapatos, productos *light*, fármacos, cirugías estéticas, gimnasios, maquillaje, y otro largo

10. WOLF Naomi, *Op.cit.*, págs., 242-243 y 250-251.

11. WOLF Naomi, *Op.cit.*, pág., 254.

etc. Sin embargo, la publicidad no nos trata a todas por igual. O más bien, trata de una manera peculiar a las mujeres: las objetiviza y las convierte en un ser genérico, en un producto más. En lo que respecta a las representaciones corporales femeninas, la mayoría de las veces nos enfrentamos a cuerpos sin "alma" (es decir, a cuerpos sin cultura, etnia, gustos, preferencias, cualidades intelectuales, etc.); cuerpos descorporeizados, sin materialidad; cuerpos troceados; cuerpos que no envejecen, que están al margen del tiempo; pieles sin poros, casi plásticas; objetos inertes; cualidades y posiciones imposibles:

> «La representación masiva de la mujer de hoy como una "belleza" es una contradicción: donde la mujer crece, se mueve y expresa su individualidad, la "belleza" es por definición inerte, eterna y genérica.[12]»

Las mujeres aparecen sin especificidades, como seres reemplazables. Este tipo de imágenes difunden el mensaje de que no eres única ni especial y ninguna de tus particularidades importa. Nada será valorado en ti salvo tu obediencia a la belleza. Discursos como este definen el imaginario colectivo, y con ello el imaginario de las mujeres y la percepción de sí mismas; una percepción que alimenta la sumisión al mito del que habla Naomi Wolf.

La publicidad contribuye a difundir el canon de belleza (cada vez más inalcanzable, por cierto, debido a los avances tecnológicos en diseño y retoque, como el ya conocido *photoshop*), a la par que alimenta el deseo de alcanzarlo, pues viene definido como el camino certero y único hacia la felicidad, la satisfacción personal y el éxito social.

En conclusión, el cuerpo femenino asumido como asunto público, sumado a la obligación de ser bellas y deseables en una sociedad que les exige obediencia corporal a la par que las objetiviza, exhibe y postula su exterioridad como valor primordial en sus vidas, mantiene a las mujeres bajo la incesante mirada de los demás. Este hecho supone un encadenamiento a su imagen, el fomento de la dependencia de la aprobación externa/ajena, una autoestima a merced de la aceptación de su cuerpo por parte de la sociedad, y la condena al consumo incesante para perfeccionarlo[13], todo lo cual forma parte del sedante político que denuncia Wolf.

---

12. WOLF Naomi, *Op.cit.*, pág. 21.

13. ALEMANY ANCHEL y VELASCO LAISECA, *Género, imagen y representación del cuerpo.* Index de Enfermeria : Información bibliográfica y documentación (Granada) Vol. 17, No. 01, Ene.-Mar. 2008: 39-44.

¿CÓMO SE INTERSECCIONA LA GORDURA CON EL GÉNERO?

Vivimos en sociedades donde las personas pueden pertenecer a un grupo oprimido y a un grupo opresor a la vez, o bien acumular privilegios, o bien acumular opresiones. Se puede tener el privilegio masculino pero pertenecer a la clase trabajadora y sufrir explotación, y también pertenecer a la clase alta pero ser una mujer mayor oprimida por el género y marginada por la edad. Dados los casos, parece imprescindible hacer uso de una perspectiva interseccional para analizar las opresiones. Autoras como Nira Yuval-Davis o Kimberlé Williams Crenshaw, han planteado la necesidad de esta herramienta para la investigación social, consistente en analizar las múltiples situaciones de opresión y desigualdad social experimentadas por una persona o grupo social a causa de su clase social, color de piel, orientación sexual, género, etc.

En nuestro caso, partiendo de la base de que la gordofobia genera una opresión y el machismo otra, podemos afirmar que la intersección de estas opresiones generará una situación específica en cada cuerpo, lo mismo que lo haría en combinación con otras experiencias. De esto se desprende que no es lo mismo ser una persona delgada y pertenecer al grupo privilegiado, que ser una persona gorda y pertenecer al grupo oprimido. Pero ser mujer gorda tiene sus propias especificidades, de tal forma que no es lo mismo ser mujer gorda que delgada, ni ser mujer gorda que un hombre gordo.

El tiempo y las futuras investigaciones en torno a la gordofobia irán dilucidando el perfil de la intersección gordura-género. Por el momento, serán expuestos en los siguientes epígrafes las situaciones específicas que he podido visibilizar hasta ahora. Mi investigación es, a todos los efectos, tentativa e incipiente.

GORDAS VS. GORDOS

La gordofobia es una opresión estructural en nuestras sociedades, independiente de la de género (el machismo). Por lo tanto podemos afirmar abiertamente que los hombres gordos sufren gordofobia, y además algo característico es que la sufren en silencio, pues aunque las administradoras de Stop Gordofobia hemos insistido muchas veces en que nos relaten sus historias para publicarlas todavía les sigue costando a muchos hablar del tema (¿una cuestión de género?). Es cierto que hay matices en la forma de experimentar la gordofobia, que los hombres empiezan a ser considerados "gordos" con muchos más kilos que las mujeres, ¡bah! en verdad ¡hoy en día casi todas las mujeres podemos ser consideradas gordas!, y no sucede esto con los hombres. Pero no significa esto que no haya gordofobia contra los hombres. Eso sí: es importante tener en cuenta que aunque la gordofobia afecte a toda la gente gorda sin excepciones, su combinación con el género genera unas situaciones específicas.

A raíz de un *meme*[14] que se encontró en la red [ver imagen 9], la teórica feminista y activista gorda Virgie Tovar expone en su artículo *Fat men are a feminist issue*[15] una lista de argumentos por los que ella considera que los hombres gordos son una cuestión feminista.

Es destacable que las mujeres hemos tenido cierto protagonismo en la lucha antigordofóbica, quizás debido a que nosotras nos hemos visto más afectadas por las cuestiones de la imagen, o a que el feminismo hace décadas que viene trabajando los temas relacionados con el cuerpo y la belleza. De la misma manera, es innegable que, en tanto que gordos, los hombres tendrán que buscar su cuota de espacio en la lucha y el camino hacia la liberación gorda. Sin embargo, considero algo arriesgado equiparar ambas corporalidades, cuando de hecho, a pesar de compartir la opresión gordofóbica, difieren de forma contundente en lo que a la experiencia de género respecta.

Tovar afirma que la gordofobia contra los hombres tiene sus raíces en el rechazo a lo femenino, y que por lo tanto, los hombres gordos son una cuestión feminista. Mantiene que la experiencia gordofóbica masculina tiene su origen en la misoginia, pues los hombres gordos reúnen en sus cuerpos una serie de atributos que les van llevando paulatinamente a ser leídos como femeninos o feminizados. Los fundamentos que ofrece la autora para sostener su postura son los siguientes:

> **1) Feminización química:** los hombres gordos, según determinados estudios científicos, poseen una alta carga hormonal femenina (de estrógenos), por lo que recaen sobre ellos todos los prejuicios o estereotipos machistas de comportamiento que, socialmente, suelen recaer sobre las mujeres (estado excesivamente emocional, sumisión, falta de agresividad, larga duración en el coito, etc.).
>
> **2) Gordura castradora**: los hombres gordos se ven sometidos a una "castración metafórica". La sociedad falocéntrica que lee al pene como sinónimo de masculinidad y poder se burla de ellos, les infantiliza y les cuestiona su masculinidad argumentando que el exceso de grasa no les permite acceder sus genitales, implicando esto, paralelamente, una barrera para el encuentro de la hombría.

---

14. Popular humor cibernético, formado por una imagen y una frase corta que conforman juntos un único mensaje.

15. TOVAR Virgie, *Fat men are a feminist issue*, 2013 [virgietovar.com/blog/fat-men-are-a-feminist-issue consultado el 23/06/2015].

3) El desarrollo de pechos en el hombre: este hecho es descrito popularmente como "repugnante", y es una característica que nuevamente pone en entredicho la masculinidad del gordo. En definitiva, este tipo de cuerpo es rechazado en tanto que se diluyen en él las fronteras sexuales definidas por el heteropatriarcado, concluye Tovar.

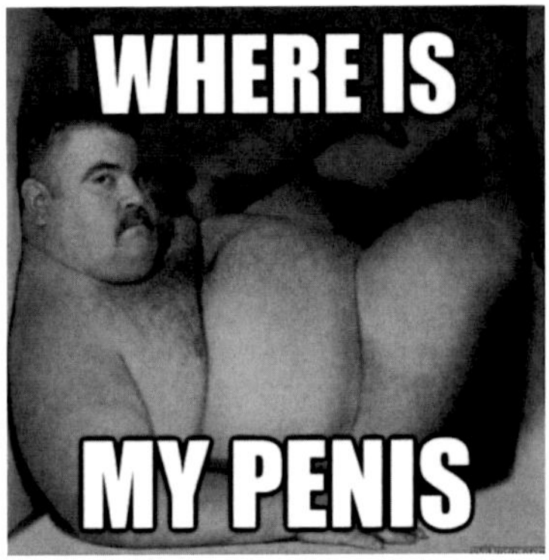

Imagen 9. Meme gordofóbico
[Fuente: virgietovar.com]

Si bien resulta interesante la propuesta de la activista y probablemente certera en un buen número de casos, quedan ciertas cuestiones pendientes que tumban, en otros casos, sus planteamientos. Por un lado, la interpretación que hace la autora de la experiencia gordofóbica masculina no resulta aplicable a **todos** los casos, ya que la cualidad misógina de la gordofobia puede variar según varíe, a su vez, el peso del hombre en cuestión, quedando desfasada en los casos donde nos encontramos con un leve "sobrepeso". Por otro lado, como decíamos al principio, la intersección de opresiones relativiza las experiencias de opresión o genera otras nuevas, fruto de su combinación. Al ser aplicables las reflexiones de Tovar en algunos casos (asumiendo el rechazo al cuerpo gordo masculino como una cuestión misógina que debiéramos incluir en la agenda feminista) pero no en la totalidad de ellos, el matiz del género cobra importancia, pues pone de manifiesto, en determinadas situaciones, los privilegios masculinos de una sociedad manifiestamente patriarcal.

Encontramos, en este sentido, cuatro dicotomías que plantean conflictos a la hora de reflexionar sobre la gordura masculina como una cuestión feminista. Todas están relacionadas con los roles de género y los estereotipos sexistas sobre lo masculino y lo femenino predominantes en nuestras sociedades:

1) Interioridad/Exterioridad: En la sociedad patriarcal, los hombres son valorados por su interior, mientras que en el caso de las mujeres se suele hacer hincapié en el exterior, en la apariencia y no en la esencia. Esto implica que la belleza sea establecida como la cualidad principal de éstas –tal como plantea Naomi Wolf- y que no cumplir con la norma de la belleza pueda colocarte en el camino directo y sin paradas hacia el fin del amor propio. Las exigencias de la belleza suponen una presión extra para las gordas, y un peso del que los hombres se libran (ellos tienen más opciones, ya que se les tienen en cuenta otras virtudes si no cumplen con la de la "belleza"). En una sociedad en la que sólo la delgadez es bella y el único valor social de las mujeres es la belleza, la gorda queda expuesta a una vulnerabilidad absoluta, sin acceso al único ámbito de reconocimiento social que le es permitido a las mujeres.

2) Razón/Cuerpo, o Sujeto/Objeto: Dependiendo de la anterior dicotomía, sacamos en claro que la razón, cual condición "interna", es considerada una cualidad predominantemente masculina bajo los estereotipos de la sociedad patriarcal; lo mismo que la inteligencia. Las mujeres, sin embargo, quedan definidas como cuerpo, como exterioridad, y debido a esto han sido reducidas a la calidad de *objetos.* Este asunto ha tenido repercusiones importantes: históricamente los hombres han sido reconocidos como personas con agencia, como *sujetos,* siendo los protagonistas de la política, el arte, la ciencia y todas aquellas actividades que tienen como eje principal el "pensamiento racional". Las mujeres al ser objetivadas pierden la agencia y se transforman en *cosas* para ser miradas, observadas, expuestas. Su cuerpo pasa a ser asunto público y se convierte en algo a ser valorado desde el exterior, conllevando por ejemplo la regulación político-institucional de su sexualidad y reproducción, la existencia del piropo o acoso callejero, la justificación del mismo bajo el "no vayas vestida así" que se nos espeta en el hogar, o el "La violaron porque iba con la falda corta" que se escucha a veces en los juzgados. Inevitablemente las gordas, en tanto que mujeres, se constituyen como asunto público también, y su cuerpo queda expuesto al ojo social (masculino) para el escarnio y el acoso callejero. Esto significa una diferencia más respecto a los hombres gordos.

3) Fortaleza/Delicadeza: Mientras que gracias a los estereotipos de género las expectativas sobre los hombres recaen en forma de fortaleza, protección y seguridad, a las mujeres se nos exigen la delicadeza, la fragilidad y la debilidad. Esta dicotomía traza una frontera importante entre las interpretaciones de las gorduras masculina y femenina. En muchas ocasiones, la opresión por gordura en el gordo se ve matizada en la intersección con la masculinidad, ya que puede considerársele un hombre fuerte y protector, que no rompe con lo que su rol masculino le exige. Y en la medida en que cumple con el rol asignado, obtiene la cuota de privilegio correspondiente a la obediencia. Por su parte, la gorda es considerada grotesca, monstruosa, aberrante para la feminidad, porque su cuerpo es fuerte y poco delicado. La gorda no es frágil y no necesita del macho protector, pues es más que probable que pueda defenderse sola. En consecuencia es

Imagen 10. *Gráfico de Heather Keith Freeman*

humillada por su corporalidad, por salirse de la norma patriarcal y del rol que se le es exigido. La gorda rompe el molde, se sale de las costuras y destroza el ceñido vestido del estereotipo femenino. De hecho este es un vestido muy pequeño y fácil de romper. Este punto es realmente trascendente: por un lado, la alta exigencia de la delgadez en las mujeres (y en general de la belleza) pone a las "gordas" fuera de juego *per se*, y por otro, las "medidas perfectas" populares (la conocida combinación 90-60-90) dejan fuera de la norma de la delgadez a un amplio porcentaje de las mujeres, pues toda la que no quepa dentro de este rango, será considerada *gorda*. En consecuencia, hace falta menos volumen/peso para ser considerada "mujer gorda" que "hombre gordo", así que, por lo que respecta a porcentajes, podemos decir que hay más mujeres gordas que hombres gordos, o que la gordofobia afecta antes y en más amplitud a las primeras que a los últimos. Todo esto soslaya, dicho sea de paso, que la gordura es una ficción política, puro lenguaje discursivo, y no un mero y puro estado corporal. Sin embargo, este debate acerca de la discursividad y construcción social de la gordura tendremos que teorizarlo en otro momento.

4) Visibilidad/Invisibilidad: El conocido como "pacto privado-público" que se lleva a cabo en el nacimiento del capitalismo y configura los espacios a ocupar de tal forma que los hombres toman el espacio público (lo político, la producción) mientras que las mujeres permanecen en el privado (lo doméstico, la reproducción), tiene como consecuencia esta dicotomía de la visibilidad/invisibilidad para hombres y mujeres respectivamente, incluyendo sus deseos, gustos, actividades, trabajo, etc. Por tal motivo, las mujeres quedaron condenadas a ocupar poco espacio, a desplegarse en el mínimo terreno posible, a ser prácticamente invisibles. Si pensamos el imperativo de la delgadez (cada vez más extrema) como una forma más de convertir a las mujeres material y simbólicamente en algo cada vez más invisible, las mujeres gordas suponemos toda una subversión: ocupamos más espacio del que nos es permitido ocupar, somos más visibles de lo que nos está permitido ser; tal como reza la ilustración de Heather Keith Freeman: «el gran crimen de la mujer gorda es que se ha atrevido a tomar más espacio del que le corresponde» [ver imagen 10].

Sintetizando, no es lo mismo ser gorda que gordo, porque no es lo mismo vivir categorizada bajo un cuerpo femenino que bajo uno masculino. Si bien la gordofobia la padecen todos los cuerpos gordos, queda constancia de que las diferencias de género deben ser tenidas en cuenta en los análisis de la opresión, en tanto que estamos frente a experiencias gordofóbicas atravesadas por la sociedad patriarcal.

No es lo mismo ser gorda que gordo, pero, ¿es lo mismo ser mujer gorda que mujer delgada?

GORDAS VS. DELGADAS

La gordofobia condiciona la experiencia y percepción de las mujeres de sus propios cuerpos, y también los de las demás. Un estudio realizado al respecto, con mujeres de Puebla (México)[16], tuvo un más que previsible resultado: las mujeres asociamos la belleza a la delgadez y la gordura a la fealdad; relacionamos la delgadez con el éxito social, la felicidad, la salud y la alta autoestima, y la gordura con la tristeza, el odio por nosotras mismas, el rechazo, la enfermedad, la inseguridad y la frustración. Pero no sólo esto. El estudio confirma la existencia de una creencia que dictamina que un cuerpo no deseable no debería mostrarse en público por no cumplir con lo esperado socialmente de él. Una de las entrevistadas afirma:

> «[las gordas] hacen el ridículo, son acomplejadas, no se quieren a sí mismas, no puede ser que dejes que tu cuerpo se deforme de esa manera, me da asco cuando veo a esas mujeres gordas en el vapor porque ¡además todavía exhiben sus cuerpos! Deben tener sentido común y no andar con ropa ni sin ropa, afean el lugar.»

16. FUENTES PONCE A. y HARTOG G., "La insostenible pesadez de los prejuicios: el caso de la gordofobia en las mujeres", Revista Científica Electrónica de Psicología ICSa-UAEH Nº10, 2010: 134-167.

Aproximadamente un 50% asoció la palabra *asquerosa* a la mujer gorda, mientras que, curiosamente, emparejaron la seguridad, el buen vestir y hasta la blancura y la juventud con la delgadez. Estas dos últimas conexiones resultan de lo más perturbadoras. Por un lado, porque asociar la blancura a la delgadez nos da ciertos datos sobre la colonialidad del pensamiento y los estereotipos de belleza (claramente racistas) de las mujeres en esta población de México. Por otro, porque parece que la juventud fuera un privilegio de la delgadez, o algo que la delgadez pueda aportarte, ¿es engordar, a su vez, envejecer? No dejan de ser curiosos estos apuntes, pues como es sabido, la belleza y el tiempo son grandes protagonistas del lenguaje publicitario. Tal como afirma Raúl Eguizábal:

> «Todo constituye, en la publicidad, una lucha contra las huellas del tiempo: el polvo, las arrugas, las manchas, la pesadumbre, la grasa corporal, el cansancio. El tiempo es siempre el enemigo, invencible en el mundo real, pero dominable en el entorno mágico de la publicidad.[17]»

El último apunte sobre el citado estudio (y quizás el factor sorpresa del mismo) viene de la mano de la metodología escogida para la misma. Las investigadoras hicieron uso de una peculiar técnica de indagación que consiste en sustituir la opinión personal por la opinión social en el cuestionario destinado a las participantes, es decir, que las participantes respondían al cuestionario bajo la premisa de "para la sociedad en general", en lugar de utilizar el "para mí". De esta forma, al responder, no quedaban condicionadas por el más que posible temor a ser catalogadas dentro de grupos ideológicos "mal vistos" socialmente (misóginos, homófobos, racistas, etc.).

Esta técnica, desarrollada por el Laboratorio de Estudios de las Representaciones Sociales D'Aix-en-Provence, permite identificar la discriminación latente en la sociedad aunque las participantes en la investigación no la identifiquen como su propia ideología. Sin embargo, en balde tomaron las investigadoras este camino de "revelación de lo oculto", pues resultó que la gordofobia no se esconde: las participantes no tuvieron ningún problema en declarar en los cuestionarios su rechazo más absoluto hacia la gordura, manifestando abiertamente y sin cortapisas su asco y repulsa por las mujeres gordas[18].

Es evidente que todas las mujeres sufrimos los cánones estéticos en el marco de la opresión de género, pero, a estas alturas, ya podemos afir-

17. EGUIZÁBAL Raúl, *Industrias de la conciencia. Una historia social de la publicidad en España*, Barcelona: Ed. Península, 2009.

18. FUENTES PONCE A. y HARTOG G., *Op.cit.*

mar que la opresión gordofóbica se presenta como un añadido peculiar o una matización específica de esta primera opresión, y viceversa. En consecuencia, cuando una mujer es criticada por no tener pechos grandes, por tener celulitis, o no ir maquillada, quien actúa es la "policía"[19] del género, que está señalando que esa mujer no cumple con la norma estética del género. Sin embargo, cuando se le discrimina por gorda quien actúa es la "policía" del peso, que está señalando que ese cuerpo no cumple con la norma corporal de la delgadez, una norma que es más que estética (es también moral y salubrista) y que va más allá del género, pero se intersecciona con él.

La opresión de género nos afecta a todas las mujeres, pero su intersección con otras opresiones tiene como consecuencia que, a pesar de que nos afecte a todas, nos pueda afectar de manera diferente. Esto ocurre, por ejemplo, cuando se interseccionan género y raza o género y etnia, formulando con ello una opresión específica. Por esto es que podemos sostener que no es lo mismo ser mujer blanca occidental que mujer negra o latinoamericana, mujer nativa que mujer inmigrante, si bien todas están atravesadas por la opresión de género. Las intersecciones ofrecen constelaciones de desigualdad y discriminación variables aunque con constantes claramente detectables como la estudiada aquí, la de la gordofobia.

Tal como establecíamos en el epígrafe anterior, la mujer gorda se sale por completo de los márgenes del estereotipo patriarcal de la feminidad, lo que le llevará a experimentar -de forma distinta que la mujer delgada- las propias opresiones de género, entre ellas la belleza, el acoso callejero y la violación.

- **Belleza.** Uno de los grandes debates que ha surgido en la *fatosphere* hispanohablante gira en torno al deseo de los cuerpos gordos de ser considerados bellos. Desde el punto de vista de la histórica lucha del feminismo contra los imperativos de la belleza y la objetivación de las mujeres que las sitúan como seres para ser vistos (con todas las consecuencias que ello conlleva, como hemos visto), puede parecer irónico que las gordas reclamen la modificación del estereotipo de belleza para ser incluidas en él. ¿Queremos ser bellas o queremos romper con el imperativo de la belleza? Un gran sector del feminismo exige el reconocimiento de la "interioridad" de las mujeres, dejar de ser objeto para ser sujeto, ser tenidas en cuenta como mente y no sólo como cuerpo. Sin embargo, la tercera ola feminista pone el énfa-

19. "Policía corporal" es un concepto utilizado frecuentemente en la *fatosphere* de habla hispana para hacer referencia a quienes controlan el (mal)cumplimiento la norma corporal. Laura Contrera en "Cuerpos sin patrones: una revuelta contra la policía de la normalidad corporal" hace una invitación a celebrar una "revuelta furiosa" contra esta policía y sus "estándares microfascistas de normalidad" [*Revista Hysteria*, hysteria.mx nº9, 2014].

sis en el cuerpo, postulándolo como campo de batalla y territorio de resistencia frente al patriarcado. En este contexto es que las gordas reclaman ser consideradas bellas (y de paso que la sociedad cese en su intento de consolarlas con el trilladísimo "pero tú eres bella por dentro"... lo de "lo esencial es invisible a los ojos" se lo inventó el Principito porque no era gordo). En cualquier caso solo podemos tener claras dos cosas: por un lado, que el debate está abierto porque aún no sabemos si la estrategia será establecer una belleza en la que quepan todas las bellezas o dinamitar el concepto mismo de belleza; y por otro, que el activismo gordo está lanzando un cuestionamiento bastante importante a un gran sector del feminismo, porque mientras este último lucha contra la objetivación, hay gordas que sueñan ser objeto de deseo al menos por un día. A fin de cuentas, al igual que es fácil luchar contra la pobreza si tienes dinero, es fácil luchar contra la belleza si la posees. Este es, sin lugar a dudas, uno de los grandes debates pendientes entre la antigordofobia y los feminismos.

- **Acoso callejero y violación.** Sean delgadas, gordas, viejas, jóvenes, canosas, lleven minifalda, *hiyab* o *burka*, el cuerpo de las mujeres será comentado, criticado y valorado por todo tipo de conocidos y desconocidos en todas las esferas de la vida; el cuerpo de todas las mujeres es asunto público. Este asunto deriva –entre otras cosas-en acoso callejero y vulnerabilidad a la violación, al ser consideradas como objetos a disposición. Este hecho es común a todas las mujeres del mundo, sin embargo, la especificidad de la gordura plantea matices. Por un lado, merece ser tenido en cuenta que, si bien tanto gordas como flacas se ven expuestas o sufren acoso callejero, el acoso que sufren las gordas suele ser de rechazo, es decir, gordofóbico (insultos, bromas humillantes y otros tipos de desprecios). Por otro lado, es destacable que en los casos de agresión sexual o violación se manifiesta una combinación entre machismo y gordofobia. *Machismo*, en la medida en que a las gordas, en la sociedad patriarcal, les ocurre lo mismo que a todas las mujeres que son agredidas sexualmente: su historia es cuestionada; poca gente cree en su voz, en su denuncia o su experiencia. *Gordofobia,* en la medida en que los prejuicios estéticos cuestionan el hecho mismo o los motivos que llevaron al agresor a realizar dicha acción. Tal es el caso de una joven argentina que fue violada en una discoteca de Buenos Aires[20] . La chica -que era gorda- denunció que un primer hombre, rubio y de ojos claros, la llevó a empujones hacia un rincón donde la esperaban otros tres para violarla en grupo. Cuando su denuncia salió a la luz, las redes sociales se llenaron de comentarios machistas y

20. "Una chica denunció que la violaron cuatro hombres en un boliche al lado del Congreso", *La nación (Argentina)*, 21/07/2014 [www.lanacion.com.ar consultado el 31/07/2015].

gordofóbicos. Unos no le creían porque ¿quién va a querer violar a una gorda?; otros la invitaban a dar las gracias porque, ¿quién va a querer acostarse con una gorda? Palabras textuales en un tuit: "Loco. Dejen de llamarle víctima a la gorda violada. Gorda, te hicieron un favor. Encima te garchó un rubio de ojos claros". En la misma línea, circula por la red una imagen de la campaña "I need feminism" [21] en la que una joven gorda aparece sosteniendo un cartel el que se lee: «Necesito al feminismo porque la gente me dice que debería estar agradecida a mi violador por querer tener sexo conmigo».

GORDURA VS. DELGADEZ

No es posible hablar de preocupación por los trastornos de conducta alimenticia sin hacer referencia al imperio de la delgadez, pero tampoco es posible teorizar sobre éste sin hablar del estigma de la gordura; ambos constituyen dos caras de la misma moneda opresiva. En esta línea de pensamiento se cuestiona la activista gorda Charlotte Cooper la constante referencia a la delgadez pero la paralela invisibilización del cuerpo gordo que encontramos en los discursos feministas clásicos contra las dietas, los trastornos de conducta alimenticia, y por la autoaceptación del cuerpo. Conocidas teóricas como Susie Orbach o Susan Bordo, abordan la gordura desde la patologización, relacionándola con los trastornos alimenticios y la dismorfia corporal, de tal forma que –expresa la autora- «todas hablan de la gordura pero no dicen nada sobre ella»[22]. Por ello Cooper plantea la necesidad de un feminismo que hable de la gordura, que abogue por la aceptación de todos los cuerpos, y que deje de hacer oídos sordos a cuarenta años de activismo gordo, de voces y reflexiones que hablan de despatologización y diversidad corporal.

Naomi Wolf, por su parte, se explaya en el *El mito de la belleza* sobre el disciplinamiento de la delgadez y el hambre, pero apenas lleva a cabo una breve referencia al hecho de que este disciplinamiento se estructura sobre el odio a la gordura. La autora relaciona este odio con una cuestión misógina, pues asegura que la gordura está relacionada con la fertilidad y el deseo. Las mujeres de delgadez extrema suelen contar con irregularidades menstruales, menor fertilidad, así como menor deseo sexual, por lo que concluye que las privaciones dietéticas no sólo son una cuestión de disciplinamiento de género sino también una forma de negar la "fe-

21. "I need feminism" es una cibercampaña iniciada por alumnas de la Duke University de Carolina del Norte (EEUU) con el fin de subrayar la importancia del feminismo en la sociedad actual. Personas de todo el mundo se tomaron fotografías con mensajes que reivindicaban la necesidad del feminismo, las cuales fueron difundidas a través de una web. [whoneedsfeminism.com consultado el 25/08/2015].

22. COOPER Charlotte, *Op.cit.*

minidad" desde la negación de la gordura, la sexualidad y la capacidad reproductiva de las mujeres:

> «¿Qué es, pues, la grasa? En la literatura del mito aparece como una suciedad femenina sobrante, virtualmente una materia cancerosa, una infiltración inerte o traicionera de basura nauseabunda y abultada dentro del cuerpo. Estas caracterizaciones demoníacas de una simple sustancia corporal no surgen de sus propiedades físicas, sino de una anticuada misoginia, ya que, por encima de todo, la grasa es femenina.»[23]

La gordura es encarnada por millones de mujeres alrededor del mundo. Hablar del imperio de la delgadez y no de gordofobia supone una invisibilización absoluta, no sólo del "motor negativo" del emprendimiento de las dietas (el positivo es el deseo de la delgadez, el negativo el odio a la gordura), sino de la gente gorda que es enarbolada como ejemplo de lo que nadie quiere ser, lo que Judith Butler denomina (haciendo referencia a la categoría del sexo, pero extrapolable a nuestro caso) el entorno constitutivo de la norma, **lo abyecto**. Según la autora, la abyección constituye los límites del terreno del sujeto que se construye en base al miedo o la amenaza de ser "lo otro":

> «[La forma] mediante la cual se forman los sujetos requiere la producción simultánea de una esfera de seres abyectos, de aquellos que no son "sujetos", pero que forman el exterior constitutivo del campo de los sujetos. Lo abyecto designa aquí precisamente aquellas zonas "invivibles", "inhabitables" de la vida social (...) El sujeto se constituye a través de la fuerza de la exclusión y la abyección (...) La formación del sujeto exige una abyección y su condición de espectro amenazador.»[24]

Son numerosas las campañas y acciones callejeras que invitan a las mujeres a no ser presas de la imagen o la talla 38 [ver imagen 11], pero nadie hace alusión a la aceptación de la gordura. Se habla de la talla 38, pero nadie dice nada de la talla 52. Craso error, pues este orden social utiliza diariamente a la gorda como fantasma, como ese lugar inhóspito que nadie quiere visitar, el cuerpo que nadie quiere calzar, la aterradora figura que temen ver reflejada en su espejo; la gorda es, en definitiva, la *thinspiration*[25]. Si cada vez la norma de la delgadez es más exigente, es porque como contrapartida el concepto maleable de la gordura –y su correspondiente estigma- empieza cada vez con menos centímetros y menos

23. WOLF Naomi, *op.cit*, págs. 247-248.

24. BUTLER Judith, *Cuerpos que importan. Sobre los límites materiales y discursivos del sexo* (1993), Buenos Aires: Paidós 2002. Pág. 20.

25. *Thinspiration* es una palabra de origen anglo formada por otras dos: *thin* (delgada) y *inspiration* (inspiración). En los blogs proanorexia y probulimia es común encontrar referencias escritas o fotográficas a mujeres gordas como "inspiración" para adelgazar, como meta contraria o recuerdo de lo que no se quiere llegar ser nunca.

Imagen 11. Acción callejera contra la norma estética
[Fuente: Stop Gordofobia]

kilos. Probablemente, la gran mayoría de las chicas que acaban con TCA han sido antes víctimas de bullying gordofóbico, o están siendo ellas mismas gordofóbicas con las demás y consigo mismas, incluso sin ser claramente gordas ni unas ni otras[26]. En realidad el problema no está en que se vean gordas y no lo sean, sino en la carga negativa que tiene la palabra gorda: el mandato gordofóbico nos espeta que ser gorda está mal.

Ser gordofóbica constituye una ganancia en lo que Naomi Wolf llamó "libertad social de las mujeres" en la sociedad patriarcal: la obediencia a la dieta y a la delgadez es aplaudida y honrada por una sociedad que las quiere sumisas al régimen del hambre. Y así es que muchas escogen el camino de la esclavitud, en lugar de la lucha por la liberación. Si tal como la autora plantea, la disciplina de la inanición quiere acabar con el feminismo, ¿será la aceptación de la gordura su salvación?

En realidad, la definición de la palabra "gorda" y el sujeto revolucionario de la lucha antigordofóbica causan actualmente numerosos conflictos y debates ideológicos en la *fatosphere* hispanohablante, los cuales por el momento no encuentran solución. Resulta difícil delimitar quién es gorda sin utilizar para ello las herramientas conceptuales del opresor, como lo son el peso o el IMC. Además, ya lo dijo Laura Contrera en uno de esos debates: «si me tengo que pesar no es mi revolución».

Por otra parte, las exigencias de peso cada vez más estrictas (sobre todo con las mujeres) suponen un aumento del número de personas que se "sienten" gordas o se ven a sí mismas como tales, sin serlo realmente al ojo de toda de la sociedad ni tampoco bajo términos científicos.

26. No cabe explayarse aquí sobre este asunto, pero son un número destacable de mujeres con Trastornos de Conducta Alimenticia las que participan de los espacios de la *fatosphere*, argumentando que les es útil de cara a la superación de su enfermedad.

Entonces, ¿quién es gorda? ¿qué es la gordura?

Quizás la defensa de la aceptación de la gordura no implique abogar por un tipo de cuerpo sino por un tipo de conducta: la rebelión contra el régimen del hambre. Quizás sea una incitación a dejar de odiar el cuerpo y a cesar la (auto)guerra contra él; una exhortación a dinamitar ese deseo permanente de modificarse y adaptarse a la norma de la delgadez; una invitación a quemar las dietas, el control y el disciplinamiento corporal, al grito desobediente, feminista e insumiso de:

«SOY GORDA ¡¡Y QUÉ!!»

Imagen 12. A la mierda los estándares fascistas de belleza". Graffiti encontrado en el barrio de Lavapiés, Madrid. *[Fuente: Stop Gordofobia]*

CONCLUSIONES EN TORNO A LA LUCHA ANTIGORDOFÓBICA Y FEMINISTA.

La gordofobia opera de una manera específica cuando está atravesada por el género, planteando especificidades que trazan distancias entre la experiencia de la mujer gorda y la de la mujer delgada, por ejemplo en lo que respecta al "mito de la belleza", los roles de género, el acoso callejero o las agresiones sexuales.

Cantemos las canciones furiosamente alegres
que hablan de la piel dura
y de los cuerpos que no quieren ser gobernados.

Laura Contrera

Me amo: la más tranquila, la más simple
y más poderosa revolución del mundo.

Nayyirah Waheed

Estas y otras cuestiones relacionadas con la intersección de la gordofobia y el género deberán ser abordadas por el feminismo, el cual hasta ahora ha centrado su atención en la delgadez y no en la gordura, en los Trastornos de Conducta Alimenticia y no en la gordofobia. Es decir –como señala el proverbio chino- han puesto la mirada en el dedo que señala la luna, y no en la luna misma.

Enuncia Naomi Wolf que urge una nueva forma de ver y entender el mundo. Si el régimen de la inanición está acabando con el feminismo, y -tal como ella argumenta- la dieta es el sedante político que le sostiene, quizás sea el cambio de mirada sobre la gordura la que consiga tumbarlo. Quizás tengamos que afirmar de una vez por todas que la revolución feminista será gorda o no será.

De mientras que lo averiguamos, parece que lo que nos queda a las gordas es reivindicar nuestra existencia desde la diferencia (para algunos asquerosa, monstruosa y enferma), y -parafraseando a Camus- lidiar con este mundo sin libertad volviéndonos tan absolutamente libres que nuestra mera existencia sea un acto de rebelión frente a la norma de la delgadez.

Yo, monstruo de mi deseo
carne de cada una de mis pinceladas
lienzo azul de mi cuerpo
pintora de mi andar
no quiero más cargos ni casilleros a donde encajar
ni el nombre justo que me reserve ninguna Ciencia.
Yo, poeta de la barbarie
reivindico mi derecho a ser un monstruo.
Que otros sean lo Normal.

Susy Shock

Mariposa

Llena de dudas o de miedos
o de ambas cosas, distintos extremos
te encontré palpitando a pecho abierto
echada en el suelo mirando el cielo

hay poca verdad y mucha mentira, me decías
odias tener que elegir una sola vía
hay muchos caminos en la vida
como pa'tener que elegir una sola estrella guía

vuela mariposa abre tus alas, ¡vuela!
que se apaga muy pronto esta candela
vuela mariposa hermosa ¡vuela!
elige siempre las mil veredas
¡vuela, vuela!

a veces la intensidad del reloj
es demasiado peso pa'ese frágil corazón
respira hondo a pleno pulmón,
te prometo que pronto se acabará este dolor

vuela mariposa abre tus alas, ¡vuela!
que se apaga muy pronto esta candela
vuela mariposa hermosa ¡vuela!
elige siempre las mil veredas
¡vuela, vuela!

Mariposa:
no naciste pa'estar encadenada
tu piel no soporta ningún tipo de amarras
la diferencia entre ser libre o estar encerrada
son tus ojos, es tu fuerza, es tu voz
la tiranía del dolor sólo se vence quebrando la norma
haciendo que valga la pena esta luz
entre tanta sombra.

Magda

MI CUERPO

FUENTE DE PLACER

[Autoría: Amaia Zárraga]

5. LAS "GORDIBUENAS" Y EL RITUAL DE LA SALVACIÓN

[Crítica a la moda de las "gordibuenas". Originalmente publicado en ladobleefe.blogspot.com.es el 19/12/2014]

Empecemos con algo simple: hay una gran diferencia entre romper la norma y agrandarla. Agrandar una norma implica que más gente quepa dentro de ella (aunque siga habiendo gente fuera de ella); romper la norma es romperla de raíz para que no haya nadie ni fuera ni dentro.

Siempre que hay movimientos políticos, sociales, culturales, que quieren romper determinadas normas hay un grupo de personas que, aunque en un principio parece que quieren romper la norma también, al final terminan agrandándola para caber al menos ellas, porque ven la posibilidad clara de «normalizarse» y entrar al privilegiado terreno de los *normales* o la *normalidad*, y no se resisten a ello. A esto hago referencia con el título «ritual de la salvación»: a ese común momento en el que -de repente- un grupo que estaba unido en una lucha concreta se ve escindido porque unas cuantas vieron la oportunidad propia, el rayito de luz y esperanza, la ventana abierta en la casa de la normalidad y el privilegio, y se metieron de lleno dejando al resto del grupo afuera (porque bien es sabido que no cabemos todas allí).

Algo así pasa por ejemplo con los homosexuales que se casan y forman familias burguesas, y son blanquitos, europeos y tienen dinero (¡y a veces hasta son conductores de tv!) y la gente los «perdona» porque dice *«¡vaya! ¡parecían raritos! ¡pero son casi como nosotros!... ¡y hasta salen en la tele!»...* esos homosexuales que hasta se pueden dar el lujo de ser de derechas y apoyar a partidos que defenestran a personas como ellos pero de clase baja (da igual que ataquen a mis iguales, que total a mí el dinero me salva, ¡¡estoy salvado!!). ¡Ouch!

También pasa con la clase media dentro del capitalismo. Cuando las papas queman y estamos en una crisis económica bestial (como ahora mismito) no dejan de oírse propuestas que se ajustan a la perfección a la clase media: ¡¡queremos volver a tener nuestros privilegios de clase media, joder!! Pero las propuestas de la clase baja (esa clase que con y sin crisis es pobre igual) de cambiar todo de raíz, no son escuchadas NUNCA. Las cosas que escuchamos son algo así como *«tengo una carrera y tres másters y aún así tengo que emigrar», o «tengo una carrera y tres másters y aún así tengo que trabajar en Mc Donalds»*... es decir: ¡No quiero ser pobre! ¡Que pa›eso he estudiao! ¡Devuélveme mi privilegio! (vamos, que el problema no es el curro de mierda en el McDonalds o emigrar... el problema es que lo tenga que hacer YO). ¡Ouch! Duele.

Y así también ocurre con ser emigrante: no es lo mismo ser un español en Alemania que un negro que llega en patera... ¡¡¡por favor!!! ¡¡¡no confundamos las cosas!!! (nótese la ironía). Y encontramos mucha gente que, siendo europeo emigrante o teniendo familia emigrante por Europa, critica luego espantado que haya un montón de africanos queriendo cruzar la valla de Melilla (¡¡¡miraver si encima nos traen el ébola!!!) [1]

Llegadas a este punto, mejor ir dejando claras varias cuestiones:

1. Hay una clara la diferencia entre buscar tu hueco en la privilegiada normalidad y romper de lleno con la norma.

2. Mucha gente confunde luchar por cuestiones justas con luchar por «salvar su propio culo».

3. El privilegio aporta ciertas comodidades, y vivir en la periferia (económica, política, cultural, corporal, sexual, etc.) es una maldita mierda (lo sabemos). De ahí venga, probablemente, el éxito de las propuestas no radicales de «salvémonos al menos unos cuantos y que el resto se las arregle».

Parece ser que esto está ocurriendo en la lucha antigordofóbica también. Las gordas llevamos un tiempo reclamando existencia y hay mucha gente, muchas webs y muchos colectivos, visibilizando este tipo de lucha. ¿Qué pasa? Que, tristemente (consciente o inconscientemente) ya se está viendo el tufo de «salvémonos las que podamos» y el *body positivity* del cuerpo gordo se está convirtiendo en un nuevo sesgo de belleza entre las propias gordas.

---

1. Al respecto una curiosidad: los medios de comunicación españoles están utilizando distintos términos para hacer referencia a distintos tipos de emigración: cuando son las personas migrantes del sur las que viajan a Europa se dice "inmigrante", pero cuando son españolas quienes emigran se dice "expatriadas", "exiliadas", "fuga de cerebros" y otros eufemismos.

Me explico: el concepto de *gordibuena* ha entrado cómodamente en nuestro vocabulario, visibilizándose una «gordita» (es decir, una piba que no es delgada, pero tampoco es gordísima) que se viste bien, sabe sacarse partido, se maquilla, está empoderada, es simpática... Y, además, agreguemos que el surgimiento de este concepto ha estado muy relacionado con la industria de la moda, tanto con el mundo con las pasarelas como con las páginas de moda que publican consejos de belleza, de ropa, calzado, etc.

Está de sobra decir que donde haya una gorda empoderada yo soy feliz; se vista como se vista. Pero el problema está en que nuevamente se está creando una categoría excluyente (esta vez entre las gordas): si existe la *gordibuena*, existe automáticamente la *gordimala* (nuestra cultura, nuestro mundo y nuestro lenguaje funcionan lamentablemente así: parejas de opuestos, binarismos... si existe uno, existe el otro... o como plantea Derrida, una «presencia» genera una «ausencia»).

Hay artículos en los que se ha pretendido definir -de buen rollo y en tono humorístico- a la *gordibuena*, y se ha hablado de caras bonitas, cuerpos gordos pero bien formados, simpatía, sacarse partido, etc. Sin embargo, en mi opinión, hay que ir más allá: podemos ser gordas en tacones o gordas en chándal sin caer en categorizarnos como buenas/guapas o malas/feas por ello, y podemos ir todas a romper la norma maquilladas o de cara lavada.

A mi modo de ver la «gordibuena» implica muchas cosas negativas para la visibilización de las gordas en su conjunto, por ejemplo:

1. La exigencia de una apariencia determinada (por lo general las *gordibuenas* son las que se «sacan partido» a través de maquillaje, ropa bonita, etc) y con ello es asociable a una clase social determinada (yo, por ejemplo, no tengo dinero para comprarme ropa bonita, ni complementos, ni tiempo, ni na).

2. La exigencia de una edad determinada (por lo leído y visto hasta ahora, se asocia la *gordibuena* a la juventud, nunca vi que se hablara de una *gordibuena* de 50 años...).

3. La exigencia de una gordura limitada (no he visto JAMÁS una foto de una chica etiquetada como *gordibuena* que yo la vea y diga automáticamente, «es GORDA», así, con todas las letras... suelen ser grandes, exhuberantes, entradas en carnes, pero no GORDAS... son más una Tara Lynn que una Beth Ditto).

4. Suele implicar cierta proporcionalidad, lo que nos trae a la memoria toda la historia de la «matematización estética» desde los griegos

hasta nuestros días, donde la propoción del cuerpo humano se establecía como medida primordial de la belleza (nunca vi como imagen de la gordibuena a una gorda de espalda ancha y piernas delgaditas, o una gorda de enorme culo y espalda pequeña... incluso la «proporcionalidad» sale como característica de la *gordibuena* en artículos de conocidos portales de moda XL de internet).

5. No molestar a los ojos (sobre todo a los masculinos): la *gordibuena* es fácilmente aceptable hasta por el tipo al que le gustan las delgadas... son bonitas de cara, cuerpos un poco más gorditos que los delgados pero no mucho, son coquetas, simpáticas... no unas gordas deformes amargadas que encima ni se sacan partido... lo que además, por cierto, nos culpabiliza/responsabiliza a las gordas por no gustar a los demás, en vez de señalar a los cánones como culpables (¡es ella! ¡que no se saca partido!) y hasta cierto punto puede llegar a justificar la discriminación que sufrimos.

6. Exigir aceptación: la mayoría de los artículos que leo referidos a las *gordibuenas* parecen decir «¡quiérenos por favor!» «acéptanos en tu club de bellas», haciendo que todo gire en torno NUEVAMENTE a la aceptación de los demás sobre mi cuerpo y a la exigencia estética patriarcal... a mi modo de ver, lo necesario para romper con la norma es decir «aquí estoy y si no te gusta, TE JODES» implicando por un lado que si se da la *no-aceptación* al menos no nos destruya y, por otro, que la exigencia sea de respeto -no de aceptación- mientras tomamos el espacio público empoderadas y sin escondernos.

En conclusión, la *gordibuena* es una gorda que cumple ciertos cánones de belleza oficialmente establecidos a la que se le «perdona» su gordura y por eso -por cumplir todos los demás criterios- le es permitido entrar al «club de las bellas» (las privilegiadas de la norma). En este sentido, se amplía la norma y caben unas cuantas gordas, pero el resto de gordas seguimos quedando fuera, seguimos siendo señaladas, humilladas, discriminadas, etc. Ya sea porque no tenemos una cara bonita, porque vamos en chándal o mono de obra, porque somos trabajadoras del hogar con manchas de lejía o comida por todas partes, porque no tenemos pasta para hacernos una limpieza de cutis o para comprar ropa bonita, porque ya no somos jovencitas, porque somos viejas, tenemos canas, estrías, la tripa caída, somos desproporcionadas o mucho más gordas de lo aceptado, tenemos celulitis o lo que sea... pero quedamos afuera, COMO SIEMPRE.

¿Que hay muchas pibas a las que esto les viene bien para su baja autoestima? ¡Por supuesto! Suponemos que habrá muchas pibas a la que la vida les será mucho más fácil de este modo, y serán mucho más felices en su día a día mirándose al espejo o caminando por la calle sintiéndose *gordibuenas*, iguales a las de la revista... pero ésta, amigas, no es nuestra lucha.

Nuestra lucha NO es ampliar la norma estética. Es destruirla. O cabemos todas, o que no quepa nadie.

[Autoría: Dani Curbelo]

Agua

En la ducha
Rebuscándome
Redescubriéndome
Mis dedos recorren mis gruesos muslos
Siento la piel que habito
Desde esa misma piel.
Mi casa.
Mi hogar.
Mis manos recorren mi abultado vientre
Tan castigado por la culpa
Tan reprimido por la norma.
Mi mano derecha va a mi pecho izquierdo
Mi mano izquierda a mi vulva
A la que también quieren adelgazar.
Me reconozco.
Es mi cuerpo.
Soy yo.
El agua me recorre entera
Y mis manos llegan por el cuello a mi pelo
A mi linda cabeza
Donde habitan las ideas:

Quiero ser libre
Quiero amarte
No quiero sufrir.

Magda

EPÍLOGO PERSONAL

No cambies tu cuerpo, cambia el mundo

A veces pienso en todo lo que podría haber sido si esta sociedad no fuera gordofóbica. Probablemente hubiera hecho deporte. Siempre me gustaron el balonmano, el baloncesto y la natación pero la vergüenza corporal me impidió apuntarme en equipos o en la piscina.

Seguramente hubiera amado más y de otras formas, y no me hubiera dejado violentar tantas veces como permití debido al miedo a la soledad, absorbida por el pensamiento "Sos gorda. Nadie más te va a querer en tu vida".

No temería a los espejos ni a las playas ni a las minifaldas. Enseñaría siempre el ombligo.

Me hubiera vestido siempre como un putón verbenero que es lo que siempre soñé. Sexy, muy sexy, labios rojos, medias de rejilla, escotazo.

No hubiera tardado 28 años en hacerme mi primera foto desnuda, en conocer mi espalda y el juego que en ella hacen mis lunares, mis rollos y mi piel.

En una sociedad sin gordofobia probablemente no sería tan gorda como soy hoy. Después de cada dieta que hice recuperé los kilos perdidos y gané más. En total hoy tengo 13 kilos más que la primera vez que hice dieta y un problema serio de ansiedad. En una sociedad sin gordofobia esta diferencia de kilos no me importaría ni estaría presente en mi mente.

Pero lo que más me jode en el fondo es que en una sociedad sin gordofobia no hubiera perdido tiempo en odiarme a mí misma con saña durante estos casi 30 años de mi existencia por no ser como las demás, por no responder a los deseos de los hombres y la tele, de mi familia (que a veces desde el amor también se hiere), o de mis amigxs y sus inocentes pero dolorosos "serías perfecta si fueras flaca".

Ojalá hubiera despertado antes.

Y ojalá pudiera decir en estas últimas palabras que he triunfado frente al odio.

Sigo sin poder afirmar que le he ganado la batalla, aunque ya estoy despierta, que no es poco. Esto significa que estoy más fuerte que nunca y en pie de guerra, lo cual es importante, porque la batalla es eterna. La lucha por el amor propio no es una meta, sino un "mantenerse fuerte para continuar en el camino hacia él". Es una guerra que nunca voy a ganar (ni yo ni nadie) porque es diaria, minuto a minuto, y el odio se renueva y refuerza constantemente contra nosotras y a pesar de nuestras avanzadas. Por ello la victoria –creo yo- consiste simplemente en seguir adelante con paso firme, inamovibles, invencibles. El amor nunca va a darse de forma definitiva, de una vez y para siempre, pero hay ratos, minutos, días, bailes, sonrisas... ¡resistencia!

En los rincones de la resistencia se halla la vida digna de ser vivida.

Justo ahí.

[Fotografía: Amaia Zárraga]

Gordas

Somos las hipervisibles invisibles,
la doble moral y tu hipocresía,
la crítica moral y estética disfrazada de salud,
la incomodidad en tus ojos, en tu espacio,
en tu uniformidad.

Somos la ruptura de tu norma,
desobediencia y exceso,
desborde y pecado,
disidencia.

Somos las que no quieres que existan.

Pero existimos.

Y no vamos a pedir perdón ni permiso.

Magda

BIBLIOGRAFÍA

› ALEMANY ANCHEL y VELASCO LAISECA, *Género, imagen y representación del cuerpo.* Index de Enfermeria : Información bibliográfica y documentación (Granada) Vol. 17, No. 01, Ene.-Mar. 2008: 39-44.

› ÁLVAREZ Constanza, *La Cerda Punk. Ensayos desde un feminismo gordo, lésbiko, antikapitalista y antiespecista*, Valparaíso: Trío Editorial, 2014.

› BULUS ROSSINI Viviana, *El culto al cuerpo y los nuevos ascetismos corporales*, 10º Congreso Argentino y 5º Latinoamericano de Educación Física y Ciencias de la UNLP: La Plata, 2013 [Fuente: congresoeducacionfisica.fahce.unlp.edu.ar - consultado el 31/08/15]

› BUTLER Judith, *Cuerpos que importan. Sobre los límites materiales y discursivos del sexo* (1993), Buenos Aires: Paidós 2002.

› CASTILLO CASTILLO José, "El cuerpo recreado: la construcción social de los atributos corporales", *Sociológica: Revista de pensamiento social,* Nº2, 1997: 27-44.

› COOPER Charlotte, *Fat is a feminist issue, but whose feminism?*, The Scavenger, 12/11/2010 [Fuente: www.thescavenger.net – consultado el 02/08/15]

› CONTRERA Laura, "El cuidado de los cuerpos impropios: gordura, revueltas y dietas en las sociedades de control/seguridad", Actas "*I Jornadas Internacionales Filosofías del cuerpo, Cuerpos de la Filosofía*", Buenos Aires: Universidad de Buenos Aires, 2014.

› CONTRERA Laura, "Cuerpos sin patrones, una revuelta contra la policía de la norma corporal", *Revista Hysteria,* Nº9, Octubre 2014 [hysteria.mx consultada el 04/08/2015]

› CRENSHAW Kimberle Williams, "Mapping the Margins: Intersectionality, Identity Politics, and Violence Against Women of Colour", *Stanford Law Review 43*, Nº6, 1991: 1241-1299.

› DE MORAGAS Miquel, *Semiótica y comunicación de masas*, Barcelona: Edt. Península, 1976.

› EGUIZÁBAL Raúl, *Industrias de la conciencia. Una historia social de la publicidad en España*, Barcelona: Ed.Península, 2009.

› FABELLO Elisa, *Let's talk about thin privilege*, Every Day Feminism, 25/10/2013 [Fuente: www.everydayfeminism.com – consultado el 20/07/2015].

› FERNÁNDEZ-RAMÍREZ, ESQUIROL, BALERIOLA y RUBIO, "El discurso popular sobre la obesidad. Análisis de contenido de una discusión virtual", *Aposta Revista de Ciencias Sociales*, Nº52, Ene.-Mar. 2012.

› FREESPIRIT J. y ALDEBARAN S., "Manifiesto por la liberación gorda" (The Fat Underground, Estados Unidos, 1973), traducción de la revista *Una buena barba* Nº3, 2011: 21-22.

› FUENTES PONCE A. y HARTOG G., "La insostenible pesadez de los prejuicios: el caso de la gordofobia en las mujeres", *Revista Científica Electrónica de Psicología* ICSa-UAEH Nº10, 2010: 134-167.

› HARDING K. Y KIRBY M., La belleza no tiene talla y salud tampoco: ¡Deja de hacer dieta!, Barcelona: Ediciones B, 2010.

› LAMM Nomy, "*It's a big fat revolution", Listen Up: Voices From The Next Feminist Generation*, 1995 [Fuente: http://tehomet.net/nomy.html - consultado el 24/08/2015].

› LUPTON Deborah, Fat Politics: *Collected Writings.* Department of Sociology and Social Policy, University of Sidney, 2013. [http://ses.library.usyd.edu.au/ consultado el 11/05/2015].

› TOVAR Virgie, *Fat men are a feminist issue*, 06/09/2013 [Fuente: virgietovar.com/blog/fat-men-are-a-feminist-issue – consultado el 23/06/2015].

› VIVAS Esther, *Un mundo de obesos y famélicos*, 2013 [Fuente: www.esthervivas.com – consultado el 31/08/2015].

› WOLF Naomi, *El mito de la belleza*, Barcelona: Ed. Emecé, 1991.

› YOUNG Iris Marion, *La justicia y la política de la diferencia*, Madrid: Ediciones Cátedra, 2000.

› YUVAL-DAVIS Nira, "Power, Intersectionality and the Politics of Belonging", Aalborg: Institu for Kultur og Globale Studier, Aarlborg Universitet, FREIA's Tekstserie, Nº 75, 2011.

RECURSOS WEB DE LA FATOSPHERE

[consultados todos el 17/07/2015]

Cuerpos Empoderados:
www.facebook.com/cuerposempoderados
www.cuerposempoderados.wix.com/gordas

La Gorda! Zine:
gordazine.tumblr.com
www.facebook.com/gordazine
www.gordazine.com.ar

Missogina (La cerda punk):
http://missogina.perrogordo.cl/
https://vimeo.com/109102839 - Video "Manifiesto Gordx(A)"

Orgullo Gordo:
www.facebook.com/orgullogordo
orgullogordo.webs.com

Stop Gordofobia:
www.facebook.com/stopgordofobia

OTROS TÍTULOS PUBLICADOS POR BALADRE Y ZAMBRA

« Será porque tenía sarampión»
25 urtez borroka anitzetan, Paquitarekin batera.
Varias autoras.

Antoñito, el dulcero anarquista.
Biografía del majorero Antonio Espinosa Rodriguez.
Jesús Giráldez Macía.

Renta Básica de las Iguales y feminismos.
De la centralidad del empleo a la centralidad de la vida.
Mari Fidalgo, Alicia Alonso Merino, Rosa Zafra Lizcano.

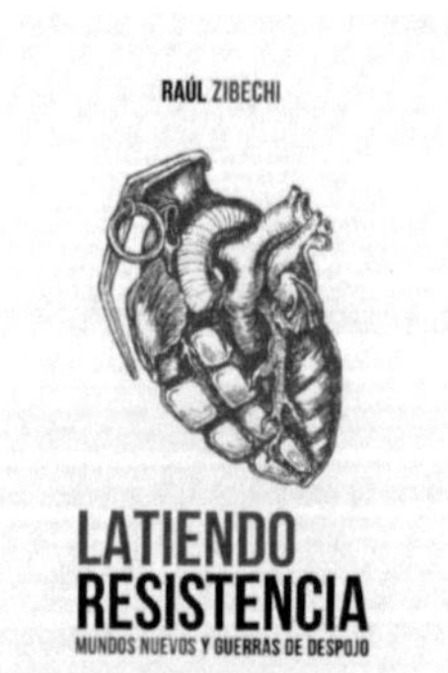

Latiendo Resistencia
Mundos nuevos y Guerras de despojo
Raúl Zibechi.

Estamos construyendo el futuro (Disculpen las molestias)
Materiales para la formación de grupos que trabajan por un mundo mejor
Col·lectiu Tortuga